AF453666

RECHERCHES ET CONSIDÉRATIONS

RELATIVES

AUX INTÉRÊTS MATÉRIELS DE LA FRANCE.

———

DES CHEMINS DE FER.

———

IMPRIMERIE DE MADAME HUZARD (née Vallat la Chapelle),
rue de l'Éperon, 7.

RECHERCHES ET CONSIDÉRATIONS

RELATIVES

AUX INTÉRÊTS MATÉRIELS DE LA FRANCE.

DES CHEMINS DE FER

ET

DES DISPOSITIONS PROPRES
A ASSURER, AVEC LE PLUS DE CONVENANCE,
LEUR EXÉCUTION ET LEUR USAGE;

PAR M. DE MARIVAULT,

MEMBRE DU CONSEIL D'ADMINISTRATION DE LA SOCIÉTÉ D'ENCOURAGEMENT
POUR L'INDUSTRIE NATIONALE.

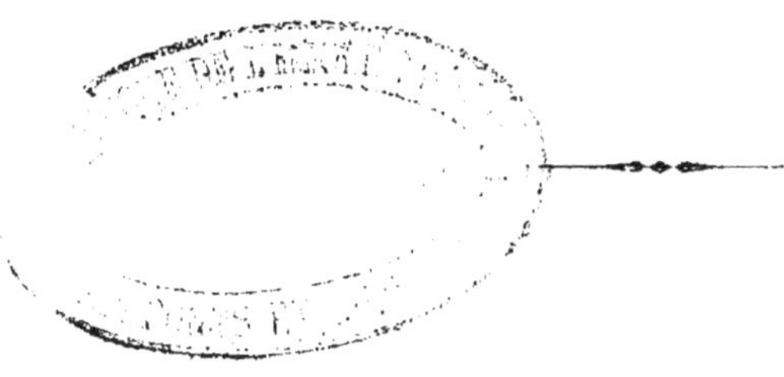

PARIS,

A la Librairie du Commerce,
Chez RENARD, rue Sainte-Anne, n° 71,

Et à la Librairie scientifique industrielle de
L. MATHIAS (Augustin), quai Malaquais, n° 15.

JANVIER 1839.

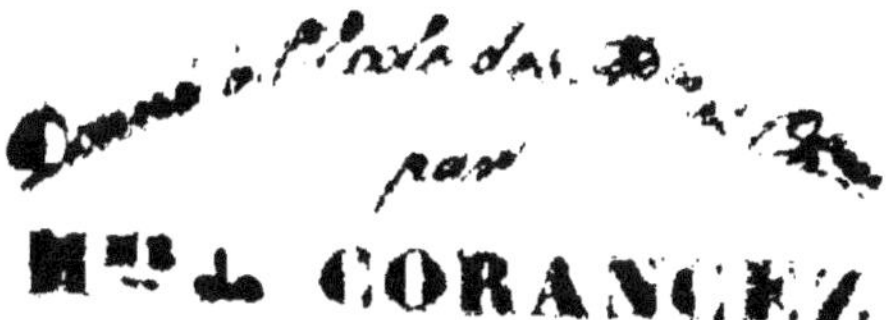
Donné à l'Académie des ...
par
M. de CORANCEZ.

PUBLICATIONS PRÉCÉDENTES DU MÊME AUTEUR.

De la Situation agricole de la France et des moyens de
l'améliorer. 1824; *à la librairie de madame Huzard, rue
de l'Éperon, n° 7.*

Notions élémentaires de géologie, de physique, de chi-
mie, de botanique et de physiogie végétale, appliquées à
l'agriculture; *à la librairie scientifique industrielle de
L. Mathias (Augustin), quai Malaquais, n° 15. (1837.)*

Précis de l'histoire générale de l'agriculture (temps ancien et moyen âge). (1837.)

Chez madame Huzard, rue de l'Éperon, n° 7, et chez
Mathias, quai Malaquais, n° 15.

Des Intérêts matériels de la France, 1re partie. *Commerce extérieur.* (1836.)

Chez madame Huzard, et à la librairie du commerce,
chez Renard, rue Sainte-Anne, n° 71.

AVANT-PROPOS.

En livrant à l'impression, en 1836, des *Considérations relatives à notre Commerce extérieur*, j'avais choisi, comme titre général, le suivant : DES INTÉRÊTS MATÉRIELS DE LA FRANCE, et annoncé que je continuerais à m'occuper du même sujet.

Depuis cette époque, un écrivain d'un mérite distingué, M. Michel Chevalier, a adopté, pour un de ses ouvrages, le titre que je rappelle. Je ne revendiquerai pas la priorité d'emploi, et j'échangerai ce titre contre le suivant, qui répond également à la nature et au but de mes travaux : RECHERCHES ET CONSIDÉRATIONS RELATIVES AUX INTÉRÊTS MATÉRIELS DE LA FRANCE.

C'est sous ce nouveau titre général que je me hasarde à placer aujourd'hui un exposé des *Dispositions propres à assurer, avec le plus de convenance, l'exécution et l'usage des Chemins de fer.*

Je suis en mesure de comprendre, dès ce moment, dans mes *recherches et considérations,* les manuscrits suivants :

1° Recherches statistiques et économiques sur le produit des récoltes servant à la nourriture de l'homme, et principalement sur celui des blés;

2° Documents statistiques et observations sur l'état de nos approvisionnements en animaux domestiques, et principalement en animaux de boucherie;

3° État de situation de chaque région de la France, sous le rapport de l'étendue du territoire, de la population, des recettes générales du Trésor, des ressources alimentaires fournies par les terres en culture, etc., etc., suivi d'un examen partiel des Documents statistiques récemment publiés.

Je mettrai ces divers écrits à la disposition du libraire-éditeur à qui il pourra convenir de se charger de leur publication. Réunis au mémoire sur le *Commerce extérieur* et aux *Considérations sur l'exécution des chemins de fer*, ils formeraient, au moins, la matière de deux volumes in-8°.

Je publierais séparément chacun des manuscrits que je viens de mentionner, si des souscriptions spéciales, suffisantes pour couvrir les frais d'impression, étaient adressées aux librairies de

Madame Huzard, rue de l'Éperon, n° 7;

Renard, rue Sainte-Anne, n° 71;

Mathias (Augustin), quai Malaquais, n° 15.

Marivault.

DES CHEMINS DE FER,

ET DES DISPOSITIONS

PROPRES A ASSURER, AVEC LE PLUS DE CONVENANCE,

LEUR EXÉCUTION ET LEUR USAGE.

CHAPITRE PREMIER.

CONSIDÉRATIONS GÉNÉRALES.

Le Gouvernement avait demandé, à l'époque de la dernière session des Chambres, que les grandes lignes de chemins de fer lui fussent réservées.

Cette demande méritait d'être complétement accueillie, quant à la direction à donner à ces lignes. On pouvait appuyer, sur des raisons plausibles, la proposition de la restreindre relativement aux travaux d'exécution, et d'admettre l'adjonction de compagnies concessionnaires pour exciter, de part et d'autre, le zèle par la concurrence.

La Chambre des Députés a tout refusé au Gouvernement. — Comme la question s'est trouvée, bientôt après, limitée à l'examen des soumissions de deux compagnies, la Chambre des Pairs a adhéré aux projets déjà adoptés par la Chambre élective; mais elle s'est abstenue, sous toutes réserves, de traiter la question primordiale (1).

L'adhésion de la Chambre des Pairs aux projets acceptés par la Chambre des Députés était à peine pressentie, que, l'affluence se portant déjà aux bureaux de souscription des compagnies soumissionnaires, il a été impossible de satisfaire intégralement aux demandes enregistrées. Cela se passait en même temps que les compagnies s'organisaient et faisaient leurs offres. Dès ce moment, la spéculation a commencé : les actions promises se sont vendues à prime.

Quand, après la promulgation des lois, les mêmes actions sont devenues l'objet d'un appel de fonds, non-seulement la prime a disparu, mais le grand nombre d'offres faites à la bourse a contraint une partie des détenteurs, par spéculation, à livrer au-dessous de la valeur nominale.

Ce résultat, qui s'aggrave tous les jours, n'a pu étonner ceux qui suivent et qui observent les manœuvres de l'agiotage. Pour ma part, il a vérifié mes prévisions. « L'empressement a été » grand , » ai-je écrit, aussitôt après l'obtention des concessions , « pour soumissionner les che-» mins de fer du Havre et d'Orléans. Nous ver-

» rons bientôt s'il n'en existera pas autant pour
» se dessaisir des titres acquis, avant que les en-
» gagements contractés soient intégralement
» remplis. Je vois bien de grandes entreprises
» formées, mais je doute que nous soyons encore
» entrés dans la voie qui peut le mieux faire
» naître et soutenir le véritable esprit d'asso-
» ciation. »

Il est, malheureusement, vrai que la participation des actionnaires sérieux, étrangers à la gestion , est , le plus souvent, très-bornée dans les
grandes entreprises, au moment où elles se forment, parce que ces actionnaires appartiennent,
pour la plupart, à une classe de capitalistes et de
propriétaires qui n'engagent que le fruit de leurs
épargnes.

Examinez la liste des gros souscripteurs : vous
trouverez, au contraire, parmi eux, presque tous
ceux qui jouent à la bourse, et entre lesquels se
répartit l'emploi fictif des capitaux flottants, capitaux qui , quoique beaucoup plus circonscrits
qu'on ne le suppose assez généralement, servent,
en effet, d'aliment à des spéculations décuples de
celles qu'il est définitivement possible d'organiser.

Rien n'est changé néanmoins , dans la situation effective des deux entreprises de chemins de
fer devant conduire de Paris à Orléans, et de

Paris au Havre. Leur exécution est confiée à des hommes honorables, pouvant pousser loin leurs travaux par les ressources qu'ils possèdent, ou qu'ils se sont assurées, et ayant, d'après leurs propres déclarations, une ferme volonté d'attacher leur nom à de grands et utiles travaux (2).

Après les déclarations que je rappelle, il est justifiable d'affirmer que les actions créées n'ont pas perdu, en réalité, leur valeur, et de regarder leur cours actuel comme une véritable déception.

Il n'y a donc, jusqu'ici, de vraiment regrettable que les placements vicieux, mensongers, qui ont été faits, et les pertes qui en ont été la suite. Ces actions sont, pour tout dire en un mot, tombées par trop grandes masses, en mains empressées de s'en dessaisir, parce qu'elles ne pouvaient pas, ou ne voulaient pas les payer. Les offres de ventes, au premier appel de fonds, ont, dès lors, effrayé et retenu ceux qui s'étaient préparés à souscrire. Ils se sont, aussitôt qu'il y a eu baisse au-dessous de la valeur nominale, abstenus de s'engager, par la crainte de devenir les victimes d'un discrédit croissant. Leur confiance renaîtra lorsque le tripotage des agioteurs aura pris fin, si le résultat des travaux en cours d'exécution devient satisfaisant.

Pour mettre un frein salutaire au jeu ruineux

de la bourse, il y a nécessité impérieuse d'apporter de grands changements dans l'organisation et dans le mode d'action des associations qui se proposent d'entreprendre des travaux matériels.

Je me suis permis d'adresser, dès le mois de mars dernier, d'assez longues observations, tant à Monsieur le Directeur général des ponts et chaussées, qu'à la commission chargée, par la Chambre des Députés, de l'examen préalable des projets de loi présentés par le Gouvernement.

J'ai traité alors, avec quelque étendue, les points suivants :

1° Cas où la propriété et la direction d'exécution des chemins de fer doivent être réservées à l'État ;

2° Distinctions nécessaires à établir entre les compagnies qui se chargent d'entreprises industrielles ;

3° Considérations politiques et gouvernementales qui se rattachent à l'ouverture des lignes de chemins de fer d'un intérêt *extra-national.* — Direction, — tarifs ;

4° Nécessité de poser les bases et les limites de l'intervention des associations particulières.

Je reviendrai, dans ce nouvel écrit, sur plusieurs de mes assertions ; mais je le ferai avec moins de développement, pour éviter des redites superflues. Mon but actuel est de prendre les choses au point où les précédentes déterminations les ont placées, et de rechercher ce qu'il y a à faire pour s'engager, à l'avenir, dans une meilleure voie.

Je commencerai par répéter que, si l'établissement des chemins de fer ne s'était pas étendu hors du Continent Américain, ou s'il n'avait été adopté, en Europe, que par les Anglais, dont nous sommes également séparés par la mer, il eût été sage de ne consentir qu'avec une extrême réserve aux dépenses énormes que leur mode actuel de construction, de service et d'entretien nécessite en tout pays, dépenses qui se doublent et se quadruplent même partout où le sol est fortement et fréquemment accidenté. Nous ne pouvons plus agir aussi prudemment ; la Belgique , toute l'Allemagne et la Russie, ayant déjà des chemins de fer, ce serait nous exposer à déchoir que nous dispenser de suivre l'exemple de ces puissances.

De là naît un intérêt politique qui domine, en quelque sorte, tous les autres. Cet intérêt, indépendamment de ce qui peut motiver, généralement parlant, l'intervention du Gouvernement, ne permet pas d'abandonner aux seuls caprices des spéculateurs le choix et l'exécution des chemins qui doivent s'étendre d'une frontière à une autre, ou de la Capitale à une frontière.

L'extrême rapidité avec laquelle les plus grandes distances peuvent être parcourues, en faisant rouler, sur des tringles de fer, les chariots remorqués par les machines ingénieuses que l'action puissante de la vapeur anime, telle est la cause première de l'engouement qui excite, en tout pays, au sacrifice de capitaux immenses, pour jouir de ce nouveau moyen de circulation.

On a constaté qu'il était facile de faire parcourir, aux voitures remorquées, dix lieues à l'heure, par un service régulier et continu. Il est possible de franchir, dans le même temps, de bien plus grands intervalles, lorsqu'on ne cherche pas à ménager la consommation du combustible. Les expériences ayant été faites sur des routes dont la longueur n'excède pas 25 à 30 lieues, le temps nécessaire pour épuiser la distance qui sépare Paris de Bordeaux, ou de Marseille, a été calculé d'après ces données ; mais il n'est pas vraisemblable qu'on se décide à organiser, entre ces villes, le service destiné au transport régulier des hommes, avec un tel degré de vitesse non interrompue. On sera contraint (sauf quelques rares exceptions motivées par des besoins extraordinaires) d'établir, à leur usage, *des temps d'arrêt*, à des stations assez rapprochées les unes des autres, les matières inertes, inanimées, étant les seules qui puissent être lancées, pour ainsi dire, d'un seul jet à leur but.

Lorsqu'il s'agira de conduire, avec une grande promptitude, à une destination éloignée, des voyageurs de tout âge et de tout sexe, amoncelés dans les voitures de transport, et presque toujours étrangers les uns aux autres, il deviendra indispensable d'accroître la rapidité du mouvement de rotation, en raison de la distance à parcourir. Si, par exemple, on peut atteindre Orléans en moins de quatre heures, avec une vitesse moyenne de huit lieues à l'heure, sans autre suspension dans la marche que celle qui aura strictement lieu pour laisser ou prendre charge en route à des points déterminés, on devra, vraisemblablement (en supposant même que le service ne soit pas interrompu pendant la nuit), marcher avec une vitesse réelle de dix lieues, pour arriver proportionnellement aussi vite à Marseille, déduction faite du temps perdu aux stations de repos. Cette considération ne doit être négligée, ni dans le calcul des dépenses, ni dans l'organisation du service compliqué auquel les chemins de fer sont destinés.

Avant d'aborder les points d'exécution et les moyens d'y pourvoir, sur lesquels je me suis proposé d'appeler l'attention, je répondrai à ceux qui réclament, pour les compagnies, les concessions les plus larges, qui voudraient même *que l'industrie privée fût chargée de tout,* que dans ce cas, comme dans beaucoup d'autres, on est dans l'impossibilité de se rapprocher et de s'entendre, parce qu'on prend pour point de départ des suppositions gratuites.

On a prétendu, par exemple, que le Gouvernement avait repoussé formellement les compagnies, tandis qu'il s'était refusé seulement à leur abandonner quelques grandes lignes. On a raisonné ainsi, parce qu'on s'était pénétré de l'idée qu'il fallait charger l'industrie privée de tous les travaux d'utilité publique.

On néglige, d'ailleurs, trop souvent une distinction essentielle à faire entre les établissements qui, comme les Banques légalement établies et surveillées, se chargent, uniquement, de favoriser la circulation, soit des espèces monétaires, soit des billets qui les représentent, et les compagnies qui appellent les capitaux pour les employer, elles-mêmes, à des travaux matériels.

Les Banques peuvent, presque toujours, étendre au loin leur action financière. Les opérations des compagnies chargées de travaux matériels devraient, dans leur intérêt propre, se renfermer en des limites assez restreintes. Il y aurait, au moins, convenance et opportunité à ce que ces sortes d'entreprises, lorsqu'elles sont destinées

à recevoir un grand développement, fussent réparties par zones entre ceux qui ont un intérêt direct à
leur exécution. Ce que j'aurai à ajouter, lorsque
je m'occuperai du système d'après lequel la mise
en œuvre devrait s'effectuer, en fournira, je l'espère, la démonstration.

Toutefois je n'ai pas l'intention d'appliquer
mes réflexions aux chemins qui vont s'ouvrir de
Paris à Orléans et aux côtes de la Manche; car,
quelque grandes que soient les dépenses qu'ils
entraîneront, elles n'ont rien, dans leur ensemble,
qui dépasse les facultés de ceux qui sont en mesure d'y prendre un intérêt direct. Paris, point
de départ et centre d'action, a, à lui seul, par
sa population croissante, une importance déjà
égale à la trente-troisième partie du royaume.
Il en a une bien supérieure à cette proportion
numérique par ses richesses, par son commerce,
par son industrie si variée, par le mouvement
général des affaires publiques et privées qui s'y
traitent, et par les étrangers qui y affluent. Les
sommes nécessaires à la dépense de confection
des deux chemins peuvent donc être facilement
fournies par ceux à qui elle profitera, soit dans
la capitale, soit dans les riches départements
traversés. Ainsi on est fondé à dire que les
compagnies qui se sont formées n'ont rien entre-

pris au delà de ce qui peut être exécuté par elles avec succès et profit.

Et cependant, voyez combien d'obstacles embarrassent déjà leur marche!... Pourrait-il en être autrement, lorsque beaucoup de soumissionnaires inscrits sont, comme il n'est que trop souvent arrivé, indifférents à la mise en œuvre, de même qu'à l'usage des travaux auxquels ils semblent vouloir s'intéresser? Cette classe d'actionnaires n'est excitée à intervenir passagèrement dans les associations qui s'organisent, et dont ils deviennent le fléau, que par le désir de se livrer à des spéculations, à un jeu où le gain de la partie appartient aux plus adroits, et quelquefois aux plus téméraires.

Il en sera toujours ainsi dans les entreprises colossales, lorsqu'on verra ceux qui s'en empareront s'attacher à ouvrir, sur-le-champ, des souscriptions suffisantes pour atteindre nominalement le montant des dépenses d'exécution, parce qu'alors ces souscriptions anticipées ne représentent pas des valeurs réellement disponibles. A chaque nouvel appel de fonds, une multitude de porteurs d'actions cherchera à s'en dessaisir, principalement si de grands efforts ont été vainement épuisés par les spéculateurs en crédit, pour leur imprimer un mouvement de hausse au-dessus du cours d'émission.

Aussi les affaires les plus solides et les plus dignes d'inspirer confiance sont-elles, presque toujours, celles qui se traitent et se gouvernent sans figurer au bulletin journalier de la bourse.

Les conséquences seraient bien plus redoutables encore, si, au lieu de parcourir, comme pour les chemins de fer déjà concessionnés, une distance de 30 à 40 lieues, il s'agissait de se rendre à Strasbourg, Bordeaux ou Marseille. Je doute que de telles entreprises soient jamais menées à bonne fin par toute compagnie s'obstinant à persister dans le système qui a prévalu jusqu'ici. Mille obstacles inattendus viendront déranger, annuellement, ses calculs et détruire ses espérances.

Ils se présenteront pour les chemins de fer, prolongés à de longues distances, plus inévitablement que pour toute autre espèce de travaux publics, parce que personne ne peut prévoir quel sera leur résultat financier : aucune expérience suffisante n'est acquise à cet égard. Il n'existe même aucune donnée sur laquelle on puisse baser des suppositions justifiables. Ce n'est pas le chemin de fer de Saint-Germain, ni ceux de Versailles qui les fourniront. Leur situation les place dans une classe exceptionnelle, soit quant au produit, soit sous le rapport de la dépense.

Ces réflexions me conduisent à répéter que le Gouvernement doit rester, toutes les fois qu'il le

juge nécessaire, chargé de la direction et de l'exécution des grandes communications, et à exposer
sur quels motifs je fonde cette opinion exprimée,
dès 1836, dans le *Moniteur industriel.*

En poursuivant la tâche que je me suis imposée, je m'abstiendrai de traiter spécialement ce
qui touche aux intérêts des compagnies déjà formées, leur laissant le soin de les débattre avec le
Gouvernement, qui, de son côté, en réparant les
erreurs dans lesquelles il peut être tombé, aura
à examiner jusqu'à quel point l'État doit devenir
passible des fautes commises, sans sa participation, et même contrairement à ses propositions
primitives.

On doit espérer qu'à la session qui vient de
s'ouvrir, bien des préventions s'effaceront, et que
les questions industrielles ne seront plus traitées,
comme les questions politiques, par esprit d'op-
position systématique contre ceux qui gouvernent. Ce qu'il faut par-dessus tout en France,
c'est de la FIXITÉ. Elle seule peut assurer et accroître la prospérité nationale. La trêve de six
mois, qui expire, aura porté d'heureux fruits, si
ceux dont elle a suspendu les trop vifs débats se
retrouvent en présence, également persuadés que,
loin de fonder, enfin, sur des bases solides le Gouvernement que nous avons conquis après tant de
sacrifices, ils s'exposeraient à tout bouleverser de

nouveau , en continuant leurs tentatives ambi-
tieuses, aussi bien que leurs affligeantes querelles.
Qui satisferaient-ils , d'ailleurs, en les prolon-
geant ?... Des rivaux réunis pour renverser, mais
qui seraient sans puissance pour réédifier; car,
après la victoire d'un petit nombre d'entre eux,
chacun de ceux qui auraient été écartés reprendrait
ses prétentions. Comme les vainqueurs ne s'enten-
draient plus avec les vaincus, un changement to-
tal, préféré à de légères modifications successives,
en amènerait un autre; nous retomberions dans la
confusion et l'anarchie.

NOTES DU CHAPITRE PREMIER.

(1) *Page 2.*

Je crois devoir placer ici une citation de l'excellent
rapport fait à la Chambre des Pairs par M. le comte Daru,
au nom de la commission chargée de l'examen du projet
de loi relatif au chemin de fer de Paris à Orléans.

« De toutes les questions d'économie politique agitées
» dans ces derniers temps, il n'en est pas qui ait attiré
» plus vivement l'attention du pays , pas de plus contro-
» versée que celle de savoir si la création de ces nouveaux
» moyens de transport doit être livrée aux déterminations
» libres et spontanées de l'intérêt privé, ou réservée à

» l'action du Gouvernement. Nous ne voulons pas, Mes-
» sieurs, examiner accidentellement, à la fin d'une longue
» session et à l'occasion d'un chemin de fer particulier,
» quelle peut être la meilleure solution de ce grand et dif-
» ficile problème. Nous nous contenterons de faire, à cet
» égard, toute réserve pour l'avenir, la Chambre n'ayant
» pas eu l'occasion, jusqu'ici, de se prononcer d'une ma-
» nière formelle sur le principe même de la loi. »

(2) *Page* 4.

« Nous avons fait, » a dit M. le baron Charles Dupin,
dans son rapport rempli de précieux documents statistiques, « nous avons fait venir au sein de la commission
» des hommes considérables par le rang qu'ils occupent
» dans l'ordre social, par la fortune que leurs travaux,
» leur esprit d'ordre et leur prudence leur ont acquise.
» Ces hommes éminents, nous eussions voulu voir leurs
» noms écrits en toutes lettres dans la loi, comme le
» nom du duc de Bridgewater fut écrit dans l'acte de con-
» cession qui commença, pour l'Angleterre, l'ère des
» grands travaux d'utilité nationale exécutés par l'indus-
» trie particulière. Nous leur avons demandé si, du moins,
» leurs noms seraient écrits dans l'acte de société qui con-
» stituerait la compagnie définitive, après le vote de la
» loi ; s'ils feraient partie du conseil d'administration, s'ils
» y resteraient jusqu'à l'entier achèvement des travaux....
» Tous nous ont répondu qu'ils regardaient l'honneur de
» leur nom comme engagé dans ces conditions de succès,
» indispensables à l'entreprise qu'ils ont formée dans un
» dessein patriotique.
» Nous leur avons demandé s'ils constitueraient leur

» société sur des bases qui rendraient l'agiotage impossible.
» Ils nous ont répondu que les actions seraient toutes sé-
» rieusement placées avant de les livrer aux chances des
» valeurs variables que peut chercher la spéculation. Ils
» ont ajouté qu'ils accepteraient, sans hésiter, les condi-
» tions de probité, de prévoyance et de sagesse que l'ad-
» ministration publique jugerait prudent d'imposer à leur
» acte de société, afin de rendre impossible la renaissance
» des abus qui compromettent le plus, en France, la
» prospérité des associations et l'avenir de l'industrie na-
» tionale...

» Nous leur avons demandé s'ils s'étaient bien rendu
» compte des charges diverses et multipliées qu'on leur
» imposait, des frais qu'ils auraient à faire et du tarif avec
» lequel il faudra suffire aux déboursés, en obtenant des
» bénéfices légitimes.

» Ils nous ont répondu que leur acceptation d'un tarif
» très-modique n'avait eu lieu qu'après des calculs suffi-
» sants, qu'ils n'attendaient nullement des bénéfices exa-
» gérés ; mais qu'ils avaient confiance dans la multiplicité
» des transports, favorisée par le bon marché même, et
» devant procurer un revenu qui suffirait à leur modé-
» ration.

» Ils ont ajouté qu'ils tentaient l'entreprise d'une grande
» expérience, dans un genre de travaux dont le temps
» n'avait pas encore éclairé, confirmé tous les résultats ;
» que, par conséquent, il y avait encore de l'inconnu dans
» le succès définitif, même avec le secours de la prudence,
» de l'économie et de l'habitude des grandes affaires; que
» néanmoins ils s'engageaient avec confiance dans une
» association qui comptera pour chances de succès tous les
» accroissements d'un commerce qui se développe par les

» efforts combinés des peuples civilisateurs , tous les pro-
» grès d'une industrie naissante et qui marche à pas de
» géant ; toutes les simplifications, les perfectionnements
» et les inventions de ces mécanismes , dont huit ans ont
» suffi pour changer la face et doubler la puissance.

» Quand nous avons vu les principaux intéressés nous
» parler avec cette franchise et cette gravité , mesurer
» eux-mêmes de sang-froid les chances qui leur seraient
» contraires , estimer à leur juste valeur les articles si
» nombreux du cahier des charges, qui réduisent leurs
» espérances, limitent leur possession , contrôlent leurs
» actes et mettent leurs travaux en tutelle;... enfin, quand
» nous les avons vus persister sans hésitation, nous-mêmes
» et par les mêmes motifs, nous avons cessé d'hésiter. »

(Voyez pages 42 à 45 du rapport fait par M. le baron
Charles Dupin , au nom de la commission spéciale chargée de l'examen du projet de loi relatif au Chemin de fer
de Paris à Rouen , au Havre et à Dieppe.)

CHAPITRE II.

MOTIFS QUI DOIVENT DÉCIDER A ABANDONNER AU GOUVERNE-
MENT LA DIRECTION D'EXÉCUTION, ET LA DÉPENSE DES
GRANDES LIGNES DE CHEMINS DE FER QU'IL JUGE UTILE DE
RÉSERVER.

Une pensée dominante, l'appréciation de l'utilité publique, doit préoccuper le Gouvernement et lui servir de règle dans toutes ses entreprises : c'est, dès lors, un devoir, et même une nécessité pour lui, de s'engager, quelquefois, en des dépenses qui n'ajoutent rien, pour le présent, aux revenus dont il dispose. Chargé de veiller à ce que les intérêts nationaux n'aient point à souffrir du progrès de l'industrie des peuples qui nous environnent, et avec lesquels il entretient des relations politiques et commerciales, il doit préparer les moyens de partager, au moins, avec eux, l'emploi de tous les procédés nouveaux qui peuvent contribuer à accroître, ainsi qu'à rendre plus faciles et plus rapides, les communications réciproques. Il doit encore mettre, autant qu'il peut dépendre de lui, obstacle aux spéculations particulières, prématurées ou intempestives, qui deviendraient, pour beaucoup de familles abusées, des causes de ruine.

Par toutes ces raisons, son attention devait être vivement excitée, lorsque les premiers chemins de fer ont été ouverts au delà des limites de notre territoire. On ne peut donc, sans injustice, se refuser à voir (toute question de principes écartée) une intention louable, autant qu'utile, dans son projet de mettre, au compte de l'État, les dépenses qu'entraînera l'exécution successive des longues lignes à livrer à la circulation d'une frontière à une autre et de la capitale à une frontière. Il n'y avait pas, pour lui, à calculer le profit immédiat de ces grandes entreprises ; il suffisait qu'elles dussent procurer, dans un avenir plus ou moins éloigné, de grands avantages aux contribuables par la valeur nouvelle ajoutée aux propriétés de tout genre, et, plus tard, par les recouvrements annuels du Trésor public, pour qu'il ne se trouvât pas effrayé des charges temporaires auxquelles il proposait aux Chambres de consentir.

En même temps que le Gouvernement préparait ses propositions, des spéculateurs, persuadés qu'ils trouveraient, dans l'entreprise des chemins de fer, une cause assurée de fortune, se sont occupés, témérairement pour la plupart, d'organiser des associations et de réclamer le concours des principaux capitalistes. Mais, pour ces associations, pour ces capitalistes, il faut que non-seulement un intérêt satisfaisant des fonds qu'ils livrent leur soit assuré, il faut encore qu'ils puissent compter sur un dividende annuel extraordinaire; qu'enfin la spéculation devienne, pour eux, une occasion d'accroître leur fortune (1).

On a dit au public : quatre-vingts millions seront employés pour procurer l'avantage de franchir, en six heures, la distance qui sépare le Havre de Paris ; quarante millions, pour arriver en trois heures à Orléans. Il y aura de grands bénéfices pour ceux qui s'empresseront de prendre part à ces belles opérations : voulez-vous y contribuer ? Et, sans plus d'examen, l'affluence s'est portée aux bureaux d'inscription. Les souscripteurs qui se sont engagés pour les plus fortes sommes comptaient répartir promptement, avec bénéfice, les actions qui leur avaient été promises, entre les personnes dont les demandes auraient été trop tardives ; mais il est arrivé que celles-ci, recherchant les placements solides et durables, ont été, par leurs informations et leurs calculs, détournées de s'engager, parce qu'elles ont reconnu :

1° Qu'il se passerait un temps plus ou moins long avant qu'elles retirassent un intérêt quelconque des sommes qu'elles auraient versées;

2° Qu'on manquait de données positives pour calculer la valeur d'un bénéfice éventuel que mille circonstances imprévues pouvaient contribuer à affaiblir ou à compromettre, et dont l'évaluation, même approximative, ne reposait sur aucune base certaine, puisque nulle expérience suffisante n'est acquise et ne peut l'être, tout étant encore, en quelque sorte, à l'égard des grandes lignes des chemins de fer, incertitude et mystère.

Les détenteurs d'un grand nombre d'actions se sont donc trouvés *désappointés* au premier appel de fonds qui leur a été fait; dès lors, leur empressement à s'en dessaisir a accru les défiances. Il est devenu impossible d'organiser de nouvelles Compagnies sur les bases de celles dont l'existence et les règles de gestion ont été consacrées, au commencement de 1838, par des actes législatifs.

J'ai dû revenir sur cette situation, qui aura, nécessairement, une grande influence sur les déterminations ultérieures du Gouvernement et des Chambres.

Des personnes du caractère le plus respectable et animées des plus louables intentions ont pensé que le Gouvernement aurait pu prévenir la gravité de l'état présent des choses *en consentant à garantir un minimum d'intérêt ;* elles ont même été plus loin, par leur proposition d'affecter cette garantie et de l'assurer, pendant une longue suite d'années, à toutes les entreprises d'utilité publique qui, dans leur opinion, devraient être exploitées par l'industrie privée.

Je crois qu'en formant une telle demande elles ont fait la règle de ce qu'il fallait considérer et admettre comme l'exception.

Que le Gouvernement *provoque et trace* des travaux dont le produit n'égalera pas, tout de suite, l'importance ; que, cependant, par des motifs particuliers, il juge à propos de ne prendre à sa charge directe, ni leur exécution, ni le service qui en résultera... : alors, pour garantir à des entrepreneurs associés que leurs avances, leurs soins, leur administration, ne tourneront pas à leur détriment, il convient qu'ils puissent compter sur la jouissance régulière d'un intérêt stipulé d'avance, si les produits réels de l'entreprise qu'ils ont acceptée, plutôt que sollicitée, ne suffisent pas pour le réaliser.

Mais, si des capitalistes ambitieux s'emparent de l'initiative des propositions et des plans ; s'ils n'hésitent pas à offrir d'entreprendre des travaux difficiles, dispendieux, contre l'avis du Gouvernement, ou contrairement à ses vues ; si, vaincu par leurs instances, celui-ci vient proposer aux deux Chambres de leur accorder l'autorisation qu'ils réclament, il est juste qu'ils supportent les conséquences de leurs démarches et qu'ils exécutent à leurs risques et périls.

J'admets, toutefois, que, dans ce cas même, il serait trop rigoureux de se refuser à modifier le cahier des charges et à réviser les tarifs, si les unes sont reconnues trop pesantes et les autres trop faibles. En un mot, les opérations auxquelles je fais ici allusion rentrent dans la catégorie des spéculations qui doivent être protégées et facilitées, sans devenir une cause de sacrifices pour l'État. Agir autrement serait mettre le Gouvernement dans la dépendance des Sociétés anonymes, ou commanditaires, dont la surveillance lui est dévolue ; ce serait le rendre passible et responsable de leurs actes, de leurs caprices, aussi bien que de leurs fautes. L'agiotage se trouverait encouragé ; car, l'intérêt des actions étant assuré, le champ le plus vaste s'ouvrirait au calcul hypothétique de l'étendue des bénéfices à réaliser.

Je préférerais à une garantie constante d'intérêt, non des subventions telles que celles qui ont été, quelquefois, inconsidérément offertes, mais une intervention effective dans les entreprises bien conçues et dignes d'appui, soit par un prêt accordé sur dépôt de valeurs, à des conditions modérées, soit par l'acceptation momentanée, au compte du Trésor, d'un nombre d'actions suffisant pour en relever et soutenir le cours, et ranimer la confiance des souscripteurs.

Pourquoi, au reste, s'exposer à ce qu'il devienne nécessaire d'employer de tels palliatifs, quand le Gouvernement aurait dû, en se chargeant lui-même d'un service, garantir les contribuables de l'emploi plus ou moins longtemps improductif de leurs économies?

Avant de dire entre quelles bornes je circonscris l'intervention qui s'applique à l'exécution des chemins de fer, j'énoncerai explicitement que, dans le cas d'insuffisance des réserves du Trésor pour couvrir des dépenses extraordinaires d'une utilité reconnue, et affectées à des travaux qui deviendront, plus tard, une source de revenus, il serait préférable d'avoir recours à des emprunts proportionnels aux déficit à combler. On conserverait ainsi à l'État la propriété non interrompue, non contestée, des ouvrages exécutés pour son compte : ce que leur exécution rapporterait fournirait les moyens de le libérer, plus ou moins promptement, des charges provisoires contractées en son nom. L'action de l'administration supérieure ne serait plus gênée, ni contrariée, comme s'il lui fallait contrôler et débattre rigoureusement, à chaque semestre, contradictoirement avec les actionnaires assemblés, les comptes et la gestion des sociétés auxquelles la garantie d'un *minimum* d'intérêt serait allouée.

Qu'on remarque bien que l'honorable M. Bartholony, à qui l'initiative de la proposition appartient, n'a pas hésité à dire *que le système ne vaudrait rien, qu'il le condamnerait lui-même, s'il entraînait avec lui la nécessité, pour le Gouvernement, d'intervenir dans l'administration des entreprises....* Et, cependant, il ne s'oppose pas à la présence, au sein des compagnies, *d'un ou de plusieurs commissaires du Roi,* qui prendraient connaissance de toutes les opérations et qui tiendraient le Gouvernement au courant de tout ce qu'il lui importerait de savoir.

Mais à quoi serviraient donc les rapports de ces Commissaires, si les compagnies *conservaient leur entière liberté d'action,* si elles *devaient rester aussi libres dans leurs mouvements que si l'Etat n'était pas associé à leurs mauvaises chances ?*

Je le demande à toute personne non préoccupée par une idée dominante, le rôle que jouerait, dans tout cela, le Gouvernement, serait-il digne de lui?... serait-il convenable à l'intérêt général dont il est le surveillant et le défenseur obligé ?... le serait-il même à celui des actionnaires ? car ceux-ci sont passibles de toutes les fautes que l'administration qui dirige une entreprise peut commettre...

Pour détruire l'effet des objections soulevées contre le système de garantie dont je critique, seulement, l'application beaucoup trop généralisée, il a été proposé d'associer l'État aux chances de bénéfices dont il aurait été la source, et de statuer, par exemple, qu'au delà d'un produit net de 6 pour 100 il partagerait les profits des compagnies. Cette condition rendrait, assurément, moins défectueuse l'intervention réclamée ; mais je ferai observer qu'il serait plus simple encore de rendre, ainsi que je le disais tout à l'heure, l'État *actionnaire temporaire* au même titre que chacun des intéressés dans l'entreprise, *utile et réellement recommandable*, qu'il s'agirait de soutenir. Il y aurait alors, comme on le demande, ALLIANCE DU GOUVERNEMENT AVEC L'INDUSTRIE PRIVÉE, sans que, pour cela, les opérations mal combinées, ou mal administrées, devinssent une charge inévitable pour le pays. S'il en était autrement, si toutes les compagnies, exploitant bénévolement des travaux publics et éprouvant des pertes, pouvaient compter sur des secours, quelque reprochable que fût leur gestion, les entreprises les moins sensées trouveraient bientôt des directeurs et des actionnaires. N'avons-nous pas déjà un exemple de ces entreprises inconsidérées dans le double chemin de Versailles, exemple qui ne deviendra pardonnable que si, quelque jour, celui de la rive gauche, que, peut-être, il eût fallu préférer, se prolonge vers Chartres? Cependant cette double entreprise a eu lieu sans promesse de garantie d'intérêt. Que serait-ce donc si la garantie était assurée à tous ceux qui obtiendraient des concessions ! C'est bien alors qu'on verrait se multiplier, journellement, des combinaisons toutes dans l'intérêt des grands spéculateurs qui dirigent les mouvements précurseurs des fluctuations enregistrées aux bulletins de la Bourse.

Est-il d'ailleurs convenable, est-il besoin d'allouer un minimum d'intérêt, quand, de l'aveu de ceux qui demandent et préconisent cette faveur, *le Gouvernement restera forcément chargé des travaux que les compagnies auront dédaignés, parce qu'ils ne leur auront pas paru offrir des chances suffisantes de produit?*

Si ces compagnies ont réclamé des concessions, si elles ont choisi librement entre les travaux à exécuter ceux qu'*elles ont jugés profitables,* elles doivent, je le répète, se soumettre, sauf révision des tarifs et du cahier des charges, à l'exécution des contrats acceptés, signés et sollicités par elles. Il n'existe pas de plus sûr moyen d'empêcher que les engagements inconsidérés et les spéculations dangereuses ne se renouvellent.

Je vais maintenant répondre à quelques objections qu'on a cherché à faire valoir.

Je commencerai par représenter qu'on doit moins craindre que des ouvrages dispendieux et d'une très-grande portée restent incomplets, lorsque le Gouvernement se les réserve, que lorsqu'ils sont abandonnés à des compagnies : une fois le capital de celles-ci épuisé, s'il n'a pas été employé d'une manière fructueuse, si son affectation ne procure pas un intérêt satisfaisant à ceux qui l'ont fourni, la confiance et le crédit s'éloignent d'elles ; elles succombent sous le poids de leurs charges, laissant imparfaite la tâche qu'elles s'étaient imposée, tandis que les ressources du Gouvernement se renouvellent, se perpétuent, et lui donnent constamment les moyens d'achever les travaux qui, par des causes imprévues, ont été momentanément suspendus...

Il est injuste, a-t-on dit, de faire supporter, aux contribuables éloignés d'une grande voie de communication, des parcelles de la dépense que son exécution entraîne. Mais, lorsqu'on s'arrête à cette argumentation, on méconnaît que multiplier les moyens de transport et de circulation, que les rendre plus économiques et plus prompts, c'est favoriser, en tous lieux, l'écoulement des produits divers de l'agriculture et de l'industrie.

Les travaux publics se succédant dans toutes les parties du royaume, chaque contribuable se ressent, à son tour, de leur influence : il est donc équitable que tous participent à en solder les frais, comme ils concourent déjà à payer ceux qui se font dans les ports les plus éloignés de leur résidence, dans les places fortifiées, et, généralement parlant, partout où il devient nécessaire d'appliquer les revenus de l'État, lesquels profitent, en définitive, à ceux qui les ont fournis; leur emploi exerce, en effet, une action aussi heureuse que puissante sur le bien-être individuel et sur l'accroissement de la fortune publique.

On prétend, également à tort, qu'il n'en coûte rien à la masse des contribuables, lorsque les grands travaux publics sont exécutés par l'industrie privée. Et la dissolution des compagnies, la liquidation onéreuse de leurs vastes entreprises, les pertes qu'éprouvent les actionnaires qui sont venus remplacer les spéculateurs et livrer imprudemment leurs épargnes ; ces trop fréquentes perturbations ne frappent-elles pas d'un contre-coup fâcheux les transactions de toute sorte ?... Les nombreux intéressés directs ne sont donc pas les seuls qui aient à souffrir des désastres qui les poursuivent!

Ne devrait-on pas aussi, lorsque l'on cherche

à exclure le Gouvernement de toute participation à l'exécution des travaux publics, être retenu par la crainte de rompre, ou au moins d'affaiblir, en voulant imiter trop servilement ce qui se pratique chez des peuples placés dans d'autres conditions, et en laissant les associations puissantes se servir, à leur gré, de leur levier d'or; ne doit-on pas, dis-je, craindre d'affaiblir le pouvoir régulier et protecteur, l'unité de direction, enfin, qui ont fait notre force et notre sauvegarde dans les crises les plus violentes? Ces motifs, sur lesquels je me suis appuyé dans mon précédent écrit, sont exposés par M. le comte Daru, avec autant de justesse que de force, à la fin du rapport que j'ai déjà cité (2).

Les diverses considérations qui précèdent suffiraient pour imposer au Gouvernement le devoir de ne pas se dessaisir des grandes entreprises *non immédiatement productives*, et de veiller à ce que les fortunes de très-nombreux citoyens ne soient pas livrées témérairement aux spéculateurs de profession.

Mais, ainsi que je l'ai annoncé, la question particulière des chemins de fer est dominée par un autre intérêt bien puissant, par l'intérêt politique, par celui que j'ai qualifié d'*extra-national*.

On ne pourra le contester, si on jette les yeux

sur ce qui se passe au delà de nos frontières, en se rendant bien compte du rôle important que notre situation géographique nous a appelés à jouer dans le monde industriel et commerçant.

Ce monde reçoit une impulsion immense, inattendue; les prodiges de la science, lui ouvrant une destinée nouvelle, l'entraînent à négliger, à la fois, des routes maritimes et terrestres que, depuis plusieurs siècles, il s'était plu à considérer comme d'heureuses découvertes, ou comme les meilleurs et les plus faciles moyens de circulation, pour revenir à un ancien Itinéraire placé, par l'application de la puissance de la vapeur, en des conditions aussi avantageuses qu'inespérées.

Dans de telles circonstances, le Gouvernement méconnaîtrait une de ses plus impérieuses obligations, s'il renonçait librement à l'initiative qui lui appartient; car, alors, l'intérêt national est mis en jeu : il doit donc, et il le peut seul, en parfaite connaissance de cause, rechercher par quels travaux, heureusement liés à ceux qui s'exécutent hors de nos frontières, le pays retirera le plus grand profit possible des innovations que les peuples qui nous entourent ont acceptées, et comment il y trouvera des sources nouvelles d'accroissement de la prospérité publique. — Lui, Gouvernement, n'a pas, comme l'industrie privée, à faire ressortir de ses calculs la certitude d'un lucre immédiat et annuel. Son rôle de régulateur suprême s'étend sur l'avenir, dont il doit s'inquiéter plus encore peut-être, à quelques égards, que du présent.

Quelle belle mission n'a-t-il pas à remplir au moment où tous les peuples, agités comme au moyen âge, mais donnant à leurs efforts un but plus utile, semblent tourner leurs regards, se précipiter, de nouveau, vers l'Orient, pendant tant de siècles enseveli dans l'ignorance et la barbarie, de l'Orient auquel l'Occident s'apprête à reporter une civilisation plus avancée, des lumières plus étendues et plus vives que celles qu'il en avait reçues !... Qui peut prévoir à quel degré de fortune et de splendeur atteindra l'ancienne cité des Phocéens, Marseille, rattachée successivement avec Paris, le Havre, Bruxelles, Strasbourg, Nantes et Bordeaux, et rapprochée de l'Amérique aussi bien que de toutes les contrées septentrionales de l'Europe !

C'est sous ce point de vue qu'il me paraîtrait convenable de s'occuper de la question du transit, traitée par les uns avec trop de dédain, par d'autres avec un peu trop d'importance. J'espère être resté dans le vrai lorsque j'ai énoncé (*mémoire en date du 16 mars dernier*) qu'il s'agirait d'*attirer le transit* comme moyen d'accroître la circulation intérieure, sans, pour cela, protéger, aux dépens des produits de notre sol et de notre industrie, les marchandises qui seraient destinées à nous faire concurrence sur les marchés étrangers.

Sans doute, ainsi que l'a exprimé postérieurement l'honorable et savant rapporteur du premier projet de loi, présenté à la Chambre des Députés, le développement que peut recevoir le transit, par l'établissement des chemins de fer, ne doit être envisagé que comme une considération accessoire. Toutefois il ne faudrait pas croire que ce développement sera limité au supplément de perception qui s'opérera, à la longue, sur les transports. Une partie des marchandises destinées pour le Levant, l'Afrique, l'Inde et la Chine sera successivement soustraite à la navigation de l'Océan et traversera notre territoire. Ces transports ne s'effectueront pas sans faire naitre, entre nous et les étrangers expéditeurs, des relations plus étendues. Elles favoriseront le débit des produits de notre sol et de notre industrie ; elles donneront donc lieu à des spéculations respectivement lucratives.

Il serait prématuré, d'ailleurs, de chercher à calculer la portée de ces avantages : aucune base n'est acquise à cet égard. On ne peut pas envisager comme telle la valeur présente (cent quarante-cinq à cent cinquante millions) des marchandises que nous admettons annuellement en transit. Nul ne peut prévoir encore l'étendue des modifications et des développements qui seront apportés par la Suisse, la Belgique, l'Allemagne et même par des puissances plus éloignées de nous dans leurs expéditions commerciales.—Qui sait même si, un jour, les États-Unis de l'Amérique ne jugeront pas économique d'employer, quelquefois, les chemins de fer qui atteindront le port de Marseille pour leurs envois en destination du Levant? Des bâtiments à voiles ou à vapeur, entretenus par eux dans la rade de cette ville, y reprendraient alors les marchandises expédiées par le *rail-way*, partant de Dieppe ou du Havre, ainsi que celles qui viendraient de Bordeaux par le canal latéral à la Garonne, pour les transporter dans l'Inde, et à la Chine, par l'Égypte et la mer Rouge : un service inverse s'organiserait pour le transport des cargaisons de retour.

Notre Gouvernement ne peut manquer, en outre, de se montrer préoccupé d'un autre intérêt plus direct et plus pressant... : je veux parler de la possibilité d'affaiblir les frais de transport de nos productions de tout genre, devant servir à la consommation intérieure , aussi bien que de celles qui seront destinées pour l'étranger.

De là naît la nécessité de modérer les tarifs à

établir pour le parcours des chemins d'une très-grande portée, et de graduer, en certains cas, ces tarifs d'après la longueur des distances à franchir. — De cette modération dépendront souvent le succès des spéculations commerciales et la bonne répartition des approvisionnements. Elle serait surtout de bon calcul pour le Gouvernement, qui ne négligera, sans doute, pas de la comprendre au nombre des conditions à imposer, lorsque, ayant fait exécuter un chemin aux frais de l'État, il en affermera la jouissance à charge d'entretien.

Je parle de modération partielle et raisonnée des tarifs, et non de circulation gratuite qu'il y aurait beaucoup d'inconvénient à admettre pour les chemins de fer.

Cette question des tarifs est très-complexe (3). Je ne pense pas qu'elle puisse être traitée, dès aujourd'hui, d'une manière absolue, l'expérience seule la fera justement apprécier et conduira à dégager ce qu'elle a d'inconnu, autant en ce qui se rapporte aux compagnies concessionnaires qu'en ce qui concernera le Gouvernement, lorsqu'il se réservera de diriger et solder les travaux.

NOTES DU CHAPITRE II.

(1) *Page* 20.

Lorsqu'en 1824 le projet de réduction des rentes, tel que **M.** de Villèle l'avait conçu, m'engagea à publier des considérations sur la situation agricole de la France, j'insérai, dans ce travail, les réflexions suivantes sur les dangers attachés à la direction donnée par les grands capitalistes aux sociétés formées par actions.

« Les grands capitalistes préfèrent, en général, faire
» porter leurs spéculations sur un objet spécial et bien dé-
» terminé. Ils aiment à se rendre maîtres de l'opération
» qu'ils se décident à entreprendre. Comme ils se réu-
» nissent en petit nombre pour *faire les fonds*, ils s'en ré-
» servent le classement.

» Leur but est de rentrer, le plus promptement pos-
» sible, dans leurs avances, et d'abandonner les risques
» à ceux entre lesquels les actions se répartissent. S'ils
» conservent un intérêt dans une entreprise, il s'établit
» uniquement sur une portion des bénéfices réalisés.
» Leurs capitaux recouvrés reçoivent un autre emploi. »

J'avais dit aussi, pages 47 et 48 :

« Nourris, pendant plus d'un quart de siècle, d'émo-
» tions fortes, sans cesse saisis par des événements im-
» prévus, par de grandes catastrophes, tout ce qui
» éblouit, tout ce qui émeut l'âme et les passions, semble
» devenu un insatiable besoin. Le calme de quelques an-
» nées importune ; on y échappe par les jeux les plus ha-

» sardeux , par les spéculations les plus gigantesques. On
» s'attache, de préférence, aux chances les plus mobiles et
» les plus promptement connues. Dans ces loteries nou-
» velles ,· la foule qui succombe disparaît sans que son
» malheur corrige. Une autre foule se précipite inces-
» samment sur les pas de ceux que la fortune favorise, et
» va bientôt grossir, à son tour, le nombre des victimes.

» Cent millions sont en circulation dans les galeries de
» la bourse ; ils passent, en peu de jours, par mille mains.
» Les plus téméraires se remplissant, d'autres se vident...
» Que gagne l'État à tant de mouvement?... Rien , ab-
» solument rien. Il y a déplacement , voilà tout. Suppo-
» sez ce jeu continué pendant des années, il sera toujours
» aussi improductif. Il n'augmentera pas la masse des ri-
» chesses circulantes. Et, cependant, on le préfère aux
» opérations qui créent des valeurs nouvelles , mais dont
» l'effet est lent et n'éveille pas l'espoir d'un grand lu-
» cre...

» Un gouvernement qui perçoit annuellement un mil-
» liard est contraint d'en consacrer la plus grande partie
» aux dépenses qui soutiennent son organisation. Il crou-
» lerait s'il cessait d'entretenir les armées , la marine, les
» routes , les canaux , de payer les pensionnaires, les
» rentiers, ses nombreux agents. Il lui reste peu à consa-
» crer à des combinaisons purement politiques. L'imagi-
» nation s'effraye par l'idée d'une association qui, n'ayant
» aucune charge à supporter, disposerait des capitaux
» sans emploi, et se trouverait mise en mesure de les
» prodiguer ou de les refuser à son gré, etc. »

(2) *Page* 3o.

« La science n'a pas , dans ses applications , de ces for-

» mes hautaines, rigides, absolues, dont il soit interdit
» de s'écarter jamais : en présence des faits, elle se mo-
» difie. Elle n'entend pas, par le mot *liberté*, cette anar-
» chie triste, sauvage, méfiante, cet état de guerre per-
» manent que l'on voudrait proclamer comme le phéno-
» mène de la vie industrielle. — Elle veut que l'on tienne
» compte du génie particulier à chaque peuple, de l'em-
» preinte que lui ont laissée les événements de son his-
» toire, sa constitution, ses mœurs, sa religion, ses lois.
» Notre cachet, à nous, c'est une tendance évidente à
» resserrer les liens de l'unité française.... Ainsi, nous
» n'hésitons pas à le dire, l'exclusion de l'action gouver-
» nementale, en fait de travaux publics, ne serait pas,
» dans notre pays, une pensée nationale. Elle nous sup-
» poserait des habitudes que nous n'avons pas, et une
» tendance contraire à celle qui se développe manifeste-
» ment chez nous depuis quarante années. Nous nous
» attachons, de plus en plus, à cette organisation com-
» pacte que conçut l'Assemblée constituante, à la fin du
» dernier siècle : gardons-nous de l'affaiblir, car c'est
» notre condition de force et de sécurité. Et, si le Gou-
» vernement pouvait le méconnaître, s'il se laissait trop
» vivement préoccuper par les récriminations, les plain-
» tes, les attaques dont il est l'objet, ce serait à vous,
» Messieurs, ce serait à cette Chambre, conservatrice des
» intérêts et des sentiments du pays, à le soutenir dans
» la lutte et à le ramener dans la voie dont on s'efforce-
» rait de l'écarter. — Emprunter à d'autres peuples qui
» diffèrent du nôtre par leur origine, leurs habitudes et
» leurs mœurs, des institutions qui sont faites pour eux,
» ce serait nous montrer d'imprudents plagiaires, car on
» ne change pas l'esprit des grandes Nations au gré des

» volontés mobiles qui les gouvernent; faisons donc à
» l'administration sa part, en fait de travaux publics. Il
» y a place pour les efforts de tous sur notre sol. Et ne
» croyons pas que, dans un temps où les faits industriels
» deviennent, chaque jour, plus nombreux et plus com-
» pliqués, il soit possible de résoudre, d'une manière
» simple et identique, toutes les questions qui s'y ratta-
» chent. »

(Rapport de M. le comte Daru, au nom de la commission chargée de l'examen du projet de loi relatif au projet
de chemin de fer de Paris à Orléans.)

(3) Page 35.

Les tarifs imposés au transport des voyageurs et des
marchandises (ai-je dit dans mon mémoire du 16 mars)
se règlent sur les routes ordinaires, comme sur les rivières et les canaux, selon l'espèce de véhicule employé. La
dépense s'accroît, presque toujours, en raison de la vitesse obtenue.

Sur les chemins de fer, les tarifs devront être calculés
par les compagnies concessionnaires, de manière à servir
l'intérêt et l'amortissement du capital, les frais d'exploitation et d'entretien, ainsi qu'à assurer un bénéfice net
aux actionnaires. Lorsque le Gouvernement se chargera
des dépenses, il devra également pourvoir à la rentrée,
dans un délai déterminé, des capitaux employés, soit
qu'il ait à les rembourser et à en payer l'intérêt à des
tiers, soit qu'ils aient été fournis par le Trésor. Mais, en
s'abstenant de recevoir la part afférente au bénéfice net,
il pourra descendre les tarifs au-dessous du taux que les
compagnies seront autorisées à établir. Cette possibilité
d'abaisser le prix des transports sera de la plus haute im-

portance sur les lignes qui serviront au transit des marchandises de toute sorte expédiées de l'étranger. Son utilité s'accroîtra, si on ne néglige pas de faire porter, de préférence, la réduction sur les produits nationaux de première nécessité et ayant une valeur vénale, en quelque sorte inverse de leur poids. Tels sont les blés et les farines ; j'y ajouterai les charbons, devenus le *pain de l'industrie*.

L'accroissement du produit des céréales a, jusqu'ici, suivi pour nous celui de la population. Nos récoltes suffisent annuellement aux besoins éprouvés, mais elles sont mal réparties ; elles ne soldent pas toujours les frais de culture dans les départements où elles offrent de l'excédant sur la consommation. Il arrive assez fréquemment que, d'un côté, le prix de l'hectolitre de froment descend et se maintient, pendant longtemps, au-dessous de 12 francs, tandis que d'un autre, il dépasse 25 francs, à des époques correspondantes. Cependant les embarras et les frais du transport intérieur sont si grands, qu'on préfère, à les prendre, recourir aux importations. En répartissant celles-ci sur une longue période, on reconnaît qu'elles ne s'élèvent guère au delà des quantités équivalentes à la nourriture de chaque individu pendant un jour par année. Mais elles n'exigent pas moins, quelquefois, l'emploi de sommes très-considérables, dont les propriétaires des départements, qui récoltent au delà de leurs besoins, ne profitent pas. Pour les tirer de leur état de misère et les encourager à préparer, en améliorant leur culture, le supplément de ressources qu'exigera bientôt le mouvement ascendant de la population, il conviendrait de favoriser, par l'abaissement du prix des transports, la circulation intérieure des blés et des farines. L'établissement des chemins de fer (de celui qui conduira à Marseille surtout) en fournirait les moyens, s'il était possible de fixer ces prix à un taux assez bas pour neutraliser, au moins, la concurrence des blés étrangers, toutes les fois que la médiocrité des récoltes ne rendrait pas leur secours nécessaire.

Des motifs non moins puissants peuvent être présentés pour démontrer la nécessité d'abaisser le prix du transport des charbons. En effet, on arriverait alors à diminuer très-sensiblement les frais qu'entraîne la mise en action des moteurs énergiques devenus indispensables à toutes les grandes industries. Nos dépenses de fabrication s'affaibliraient dans une égale proportion. Nous parviendrions ainsi non-seulement à accroître la consommation intérieure, mais encore à soutenir, dans les marchés étrangers, une lutte si désavantageuse aujourd'hui contre les peuples mieux partagés que nous. Cet heureux résultat s'obtiendrait sans recours à la réduction intempestive et dommageable de nos tarifs de douane, si ardemment et si imprudemment réclamée par les partisans de la liberté commerciale absolue.

Pour atteindre le but que je viens d'indiquer, il y aurait lieu d'établir le prix du transport des blés et des charbons, sur une échelle décroissante pour chaque espace de dix lieues à parcourir au delà d'une certaine limite fixée.

CHAPITRE III.

DES COMPAGNIES QUI SE PROPOSENT D'ENTREPRENDRE DES
TRAVAUX MATÉRIELS, ET DES MODIFICATIONS INDISPENSABLES
A APPORTER, SOUS LE RAPPORT DE L'APPEL ET DE L'EMPLOI
DES CAPITAUX, DANS L'ORGANISATION DE CELLES QUI OB-
TIENNENT DES CONCESSIONS DE CHEMINS DE FER.

Nous avons possédé de grandes Compagnies financières, longtemps avant qu'on songeât à organiser des associations pour exécuter, par l'intérêt privé, d'immenses travaux publics. Les spéculateurs qui se sont lancés, de bonne foi et avec d'honorables intentions, dans cette nouvelle carrière, ont été mal inspirés, lorsqu'ils se sont modelés sur les statuts des premières Compagnies, *quant à l'appel des capitaux et au mode d'admission des actionnaires qui les fournissent*, sans prendre aucune précaution pour prévenir, ou neutraliser, l'action dissolvante des agioteurs.

Telles sont l'origine de beaucoup d'erreurs et la cause d'un grand nombre de désastres. En méconnaissant aussi la différence qui séparait leurs entreprises des opérations uniquement financières, ces spéculateurs ont fait fausse route, et ont

empêché le véritable , le salutaire esprit d'association, de se propager et de se fortifier parmi nous.

J'ajouterai, pour mieux expliquer ma pensée,
qu'il ne suffit pas que des milliers de personnes
accordent leur participation à une opération pour
qu'il y ait entre elles ce que j'appellerai une association utile et motivée. Le nombre des inscrits
aux livres de la dette publique est assurément
fort grand ; cependant on ne peut pas dire que
ceux qui en font partie sont associés. Mais l'association utile existe ; elle devient forte et puissante, lorsque ceux qui se réunissent pour conduire une entreprise, ou pour y prendre seulement
intérêt (n'importe qu'ils soient propriétaires de
terre ou d'usines, fabricants ou négociants) , se
sont proposé de concourir, en commun, au
succès des opérations matérielles qu'elle entraine
et du service qui en est le but.

Je dirai encore que recevoir et faire circuler
de l'or, de l'argent, des billets de banque, des
lettres de change; souscrire directement, ou pour
compte de correspondants, à des emprunts, à
des placements d'actions créées à un titre quelconque; en soutenir la valeur par d'habiles négociations ; effectuer des encaissements, des payements
pour compte d'autrui; se charger de revirements, de
recouvrements d'effets de commerce ; servir les
intérêts acquis aux fonds placés soit en rentes sur

l'État, soit en entreprises de tout genre…; organiser
et diriger des Compagnies d'assurances, des cais-
ses hypothécaires, des banques d'escompte et de
crédit, etc., etc. : toutes ces opérations, qui se
formulent par des écritures, qui se traitent dans
les limites d'un comptoir, qui n'exigent que le
concours d'un petit nombre de subordonnés, sont,
depuis longtemps, du ressort soit de banquiers
titulaires (1), soit de Compagnies commanditaires,
ou anonymes. On peut s'associer, de tous les points
de la France, à leur gestion et à la responsabilité
qu'elle entraîne ; car, alors, tout s'explique et se
règle facilement par correspondance.

Autre chose est de monter des entreprises industrielles, ou commerciales, de diriger et de
surveiller les travaux compliqués qu'elles exigent;
autre chose est, par conséquent, d'y prendre sérieusement intérêt.

J'accorderai, toutefois, que des distinctions
sont à établir entre ces entreprises, d'après leur
nature et le but qu'on se propose d'atteindre. Il
serait, en effet, erroné de placer sur la même
ligne ce qui s'exécute en vue de l'utilité générale, avec le concours nécessaire du Gouvernement, et qui ne s'étend pas au delà de l'utilité
privée.

Il convient, de plus, de séparer les travaux
qui s'appliquent à la création d'une industrie, de

ceux qui se poursuivent, annuellement et régulièrement, pour l'entretenir, la vivifier et réaliser
des produits lucratifs. Les premiers travaux ab-
sorbent souvent, sans aucun bénéfice apparent,
et toujours sans profit immédiat, la totalité des
capitaux primitifs; les seconds servent à procurer
l'intérêt acquis *aux capitaux de fondation et de
roulement.*

·Si, quelque bien conçue que soit une spéculation, plusieurs années doivent, inévitablement,
s'écouler sans qu'elle profite aux actionnaires,
elle ne peut convenir qu'au petit nombre de ceux
dont la position de fortune leur permet de considérer leur apport comme un placement fait à
intérêt composé, et à qui il est, en quelque sorte,
indifférent que l'époque où commencera la répartition des dividendes soit plus ou moins éloignée, pourvu que cette répartition s'établisse
ensuite proportionnellement à la somme dont ils
sont crédités.

Lorsqu'il s'agit d'un service public reconnu
utile par le Gouvernement, il ne s'ensuit pas
qu'il résultera, de cette utilité nationale, un
profit satisfaisant pour ceux qui se chargeront de
l'exécution. Dans ce cas, il est sage, aux plus
riches, de s'abstenir de l'entreprendre à leurs
seuls dépens, et du devoir du Gouvernement de
ne pas laisser les contribuables s'engager incon-

sidérément. Ce devoir lui est imposé par ses titres de gardien de la fortune publique et de protecteur de la fortune privée.

Ceux qui ne sont pas restés étrangers aux spéculations, ou qui ont consulté et comparé les cotes relevées sur les longues listes des opérations journalières de la bourse, feront si facilement l'application de ce que je viens de dire, que je m'abstiendrai, pour n'affliger personne, de rappeler des essais infructueux, des malheurs non mérités, et même des tentatives reprochables : mais je ne puis me dispenser d'ajouter que, quand même on réussirait à prouver que le système qui a prévalu jusqu'à ce jour est celui qu'il importe de préférer encore pour l'organisation des Compagnies auxquelles seront confiés, généralement parlant, des travaux matériels ; je dois ajouter, dis-je, que ce système n'est pas applicable aux chemins de fer. Il devrait être, au moins, repoussé par les Sociétés qui se proposent de se charger, *à la fois et pour leur compte*, de la confection et du service des chemins qui sont destinés à un usage public.

Le crédit des personnes qui cherchent à s'emparer de l'exploitation des industries nouvelles n'est pas suffisant, on n'en peut plus douter, pour assurer simultanément l'exécution de leurs trop vastes projets. Il est devenu, surtout, indispensable de limiter l'intervention ambitieuse et trop souvent compromettante des spéculateurs, lorsque les travaux s'étendent au loin.

J'admets, toutefois, une exception applicable aux localités que leur proximité de la capitale, ou leurs immenses relations avec elle, rendent, en quelque sorte, privilégiées. Cette condition existe pour les chemins concessionnés qui se dirigeront sur Orléans et sur Rouen. Leur exécution fournira, au reste, le moyen de faire la plus sûre et la meilleure des épreuves; car aucun autre *rail-way*, d'une égale étendue, ne saurait être mis en œuvre avec succès, par des associations spéculatrices, si les deux voies que je viens de désigner ne pouvaient pas être conduites à bonne et heureuse fin. Les fautes dans lesquelles on est tombé, jusqu'ici, sont entièrement étrangères aux opérations matérielles elles-mêmes : elles sont donc réparables. Les travaux d'exécution étant à peine préparés, les manœuvres momentanées d'un agiotage improductif ne peuvent rien contre deux entreprises dont les créateurs sont, ainsi que je l'ai déjà rappelé, décidés à les poursuivre jusqu'à leur entier achèvement.

Ils seront secondés par les souscripteurs sérieux que des intrigues de bourse n'ont pas découragés; ils pourront l'être aussi par ceux qui auront profité de ces intrigues pour acquérir des actions au-dessous de leur valeur d'émission. —

Quoi qu'il advienne, d'ailleurs, on eût agi avec plus de prudence et évité beaucoup d'embarras en scindant ces opérations, ainsi que je proposerai, tout à l'heure, de le faire pour celles qui s'organiseront par la suite.

En thèse générale, quand les travaux seront en complète activité, quand une révision, consciencieusement étudiée, du cahier des charges et des devis préparés ou acceptés par l'administration des ponts et chaussées aura eu lieu, le Gouvernement se trouvera, mais seulement alors, mis en mesure de juger si, *par suite d'erreurs communes*, les grandes entreprises, déjà concédées et dont les directeurs se seront mis sans hésitation à sa place, auront réellement besoin d'être soutenues *par la garantie d'un minimum d'intérêt ou par un autre expédient.*—Toute concession rétrograde et précipitée de cette nature deviendrait un précédent dangereux, elle entraînerait des conséquences redoutables que n'auraient pas les transactions partielles et isolées avec des associations mieux combinées, dont la formation pourra être, à l'avenir, formellement provoquée, et dont l'organisation définitive dépendrait d'une telle condition (2).

En exposant les motifs qui doivent décider à ne pas retirer au Gouvernement la direction de l'exécution et la dépense des longues lignes de chemins de fer, j'ai, d'avance, présenté la plupart des objections que j'aurais à opposer aux propositions d'abandonner, sans réserve, ces grands travaux à la spéculation privée. Je ne pourrais que reproduire ici, en d'autres termes et sous une autre forme, les considérations que j'ai fait valoir à cet égard. Il ne me reste plus qu'à expliquer en quoi, d'après ma manière de voir, le système que suivent les compagnies, pour l'appel des capitaux, serait, s'il était maintenu, un obstacle de plus au succès des grandes entreprises de chemins de fer.

Les capitalistes qui projettent d'ouvrir une communication nouvelle, telle que serait celle à établir entre Paris et Marseille ou entre Paris et Bordeaux, font sagement de commencer par se livrer aux études préparatoires nécessaires pour apprécier les dépenses probables, supputées sans parcimonie, et de manière à assurer la solidité des ouvrages de tout genre. Il ne suffit même pas qu'ils les calculent; il faut qu'ils consultent, avec discernement, des documents statistiques d'après lesquels ils puissent évaluer raisonnablement les produits. Il convient, de plus, qu'ils prennent garde de s'exposer, et d'exposer les actionnaires qu'ils s'adjoindront, à de pénibles mécomptes.— Ainsi, ils se tromperaient évidemment, s'ils n'étaient pas attentifs à se prémunir contre l'importance exagérée attachée, comme il est déjà arrivé plus d'une fois, aux relations commerciales et à l'industrie des moindres bourgades, situées dans la direction, ou à proximité du tracé qu'ils adoptent.

Ces préliminaires remplis, qu'ils déclarent au Gouvernement leur intention d'exploiter, dans tous ses développemens, la ligne sur laquelle leur choix se sera fixé; qu'ils sollicitent et qu'ils obtiennent, s'ils le peuvent, l'acte de concession; qu'ils donnent même alors la plus grande publicité possible à l'ensemble de leur projet et à l'évaluation des dépenses à supporter, des bénéfices à espérer; mais qu'ils se gardent soigneusement de faire l'appel, à des termes rapprochés, des cent cinquante, des deux cents millions qui seront employés pour exécuter complétement, après douze ou quinze années de soucis et de travaux, leur gigantesque opération. — S'ils commettent une telle faute, s'ils s'obstinent à demander des souscriptions immédiates jusqu'à concurrence de l'évaluation de la totalité des dépenses, ces souscriptions ne se rempliront qu'en apparence. — Comme elles seront, en partie, fictives, en partie l'œuvre de spéculateurs, n'offrant ni garantie, ni responsabilité, nous verrons incontestablement se reproduire, avec de plus mauvais résultats, les manœuvres qui ont com-

promis le succès des concessions accordées pendant la dernière session des Chambres.

Les études préparatoires, dont je viens de parler, serviront à déterminer avec précision la durée des travaux entre deux localités données. —
Je suppose qu'on se sera mis en mesure de connaître le prix des propriétés traversées, des ter-
rassements, des ouvrages d'art à payer pour
aborder un point de quelque importance, rap-
proché de la capitale, considérée comme centre
auquel tous les rayons doivent aboutir. On ou-
vrira alors la souscription, proportionnellement
aux dépenses qu'exigeront la confection et le service de cette section de route, et quelquefois de
celle qui pourrait être entreprise, en même
temps, dans la direction du lieu principal qu'on
se proposera d'atteindre.

Que des actionnaires, *par spéculation momentanée*, se décident encore à faire, dans ce cas,
concurrence aux souscripteurs sérieux, aux intéressés directs, leur intervention sera courte et
sans grand effet. Chacun appréciera promptement la valeur intrinsèque des actions créées,
puisque la compagnie concessionnaire aura intérêt à monter le service actif aussitôt après l'a-
chèvement de ces premiers travaux. Si elle est
satisfaite, elle les poursuivra plus loin; si, au
contraire, ils n'ont pas répondu à son espoir; si,

n'attendant pas de dédommagement d'une autre tentative, le Gouvernement se refuse à l'aider, ou si les banquiers spéculateurs ne consentent à ouvrir leur caisse qu'à des conditions trop onéreuses, elle s'en tiendra là, en vertu des réserves qu'elle se sera ménagées, ainsi que je l'expliquerai bientôt. Ce qui aura été exécuté par elle rentrera dans la classe des simples embranchements, ou acquerra l'importance d'une tête de chemin si, plus tard, une autre association plus hardie, et ayant d'autres intérêts, en entreprend, avec bonheur, le prolongement.

Afin d'être mieux compris, je reproduirai ici l'application que j'ai faite de ce mode d'exécution, à l'occasion d'une lettre adressée par MM. Mellet et Henry, ingénieurs civils, à M. le directeur du *Moniteur industriel*, pour revendiquer, comme entreprises aux frais d'une compagnie, les études auxquelles se livrent des arpenteurs sur la grande ligne de Paris à Lyon, par le centre de la France.

« Comme (selon l'annonce de MM. Mellet et
» Henry) on se servirait, dans cette direction,
» de l'embranchement sur Corbeil, du chemin
» de Paris à Orléans, il serait sage, à mon avis,
» de se borner à ouvrir une première souscrip-
» tion, pour subvenir, par exemple, aux dépenses
» jusqu'à Fontainebleau, une seconde de Fontai-
» nebleau à Montargis, une troisième pour arri-

» ver à Cosne, puis une quatrième et peut-être
» une cinquième pour aborder Nevers. Des ate-
» liers seraient organisés au moyen d'une autre
» souscription, en descendant de Roanne à Ne-
» vers. On atteindrait ainsi, d'un côté **Digoin**, en
» même temps que, de l'autre, on pousserait les
» travaux jusqu'à Nemours et Montargis.

» **A** mesure que chaque section de route serai
» terminée, on la livrerait à la circulation. Les
» actionnaires retireraient donc promptement un
» intérêt des fonds par eux versés. Ce mode d'o-
» pération n'empêcherait pas de les faire profiter
» du produit général de la route. En définitive,
» ils entreraient en partage du bénéfice de toute
» l'entreprise.

» Il résulterait un autre avantage de cette ma-
» nière de procéder. Si le succès ne répondait
» pas à l'attente, on pourrait restreindre les tra-
» vaux à ce qu'exigerait un chemin d'embranche-
» ment sur Paris d'un côté, de l'autre sur Roanne
» et Lyon. Alors toute crainte de liquidation oné-
» reuse serait évitée. Il y aurait seulement à décla-
» rer au Gouvernement l'intention formelle d'at-
» teindre Lyon, et à obtenir l'assurance qu'il ne
» serait accordé, pendant un temps largement
» calculé, aucune concession dans la direction
» déterminée, à moins de désistement de la com-
» pagnie primitivement autorisée.

» Et s'il advenait, comme il y a lieu de l'espé-
» rer, qu'on parvint, par des procédés nouveaux
» suffisamment expérimentés, à diminuer, dans
» une forte proportion, les dépenses de construc-
» tion des routes et de service des moteurs qui en
» règlent l'usage, ces procédés pourraient être
» appliqués aux sections qui resteraient à ouvrir,
» toutes les fois qu'il n'en résulterait aucun dé-
» rangement dans les proportions et les combi-
» naisons de la voie de roulage, ou de trop longs
» retards, et trop de frais de transbordement des
» marchandises et des voyageurs, s'il y avait né-
» cessité d'y apporter quelque changement. »

En adoptant la marche circonspecte que je propose de suivre, il deviendrait plus facile d'évaluer
et de bien régler les dépenses; car l'expérience
faite pour une première partie de route servirait
à contrôler celles de ces dépenses qui résulteraient
de l'exécution d'une seconde, puis d'une troisième section. Les frais diminueraient, d'ailleurs,
dans la proportion de la valeur du matériel compris au compte des travaux déjà terminés.

Une autre considération mérite d'être appré-
ciée. Lorsque l'appel des capitaux s'étend, de
prime abord, à la totalité d'un devis embrassant
d'immenses travaux, nul n'est tenté de faire ca-
deau de l'indemnité qui lui reviendra, et dont il a
la certitude de jouir, pour cause d'expropriation

des portions de son terrain envahies sans sapar-
ticipation, et souvent contre son gré. Mais, lorsqu'un riverain craindra qu'un chemin qui don-
nerait de la valeur à sa propriété, ainsi qu'à ses
productions de toute sorte, ne soit pas continué
par la compagnie à laquelle il aura été concédé, il
sera, surtout s'il est voisin d'une station de chargement, disposé à un abandon gratuit. Bien plus,
il n'hésitera pas alors à s'inscrire au nombre des
souscripteurs, dans le cas même où il n'espérerait
retirer qu'un très-faible intérêt de ses actions.
Son calcul à lui, celui des possesseurs d'usines,
de tous ceux qui exploitent dans le voisinage une
industrie, ne reposent pas sur l'espoir d'un profit direct. Tous savent qu'ils gagneront, immédiatement, par la plus-value acquise à leurs possessions, dans une proportion que ne peuvent jamais se flatter d'atteindre les actionnaires étrangers à la localité, et intervenus par seule spéculation. C'est ainsi qu'on attachera successivement
aux grandes lignes à ouvrir, comme aux simples
embranchements, des actionnaires constants et
dévoués. Dès lors, le véritable esprit d'association viendra remplacer le manége ruineux et dé-
cevant qui a, plus d'une fois, précédé ou accom-
pagné l'exécution des travaux publics confiés à
des compagnies. Le blàme que cet état de chose
mérite doit retomber sur leurs fondateurs, lors-

qu'ils se sont montrés plus préoccupés par le désir d'attirer à eux une grande masse de capitaux et de placer à prime une partie des actions, qu'animés par la ferme volonté d'en diriger utilement l'emploi.

L'abus même des primes sera moins à redouter, quand les souscriptions se diviseront par portions de route. On aura fait disparaître, par conséquent, une des principales causes de mécontentement contre les gros capitalistes concessionnaires qui se réservent l'administration et la gestion des entreprises. En effet, comme le besoin des fonds souscrits se manifestera promptement, et qu'en même temps il y aura, pour chaque section de route, un nombre assez limité d'actions à placer, il est à présumer que celles-ci seront demandées en totalité, avant l'obtention de la concession. Le Gouvernement pourra, d'ailleurs, dans l'intérêt trop souvent négligé des actionnaires, exiger communication du registre d'inscription, et s'assurer si des réserves, non autorisées par les statuts revêtus de son approbation, ont eu lieu.

Lorsqu'on aura reformé la marche qui se suit aujourd'hui, nous verrons assurément moins de projets se produire; mais on cessera d'avoir à craindre l'abandon de ceux qui seront mis en cours d'exécution. Il y aura beaucoup moins de valeurs circulantes inutilement gaspillées, beau-

coup moins d'occasions, pour de prétendus pro-
tecteurs de l'industrie, d'offrir leurs ruineux services. On avancera avec sagesse dans la voie
nouvelle que la science, qui l'a découverte, four-
nit les moyens d'utiliser et même de perfection-
ner, sans que, pour cela, il soit toujours en son
pouvoir de la rendre lucrative à ceux qui l'exploitent.

Tous les prospectus sont séduisants; tout est
illusion au moment où ils se publient ; le décou-
ragement suit et se fait rarement attendre; quelquefois même, il précède la mise en activité des
entreprises : alors elles échouent.

Les actions, avaient dit les riches capitalistes
avec lesquels M. le baron Charles Dupin , et la
Commission dont il était le rapporteur, étaient
entrés en conférence , *les actions seront toutes
sérieusement placées , avant de les livrer aux
chances des valeurs variables que peut chercher
la spéculation.* Puisque, malgré les précautions
prises, il y a eu déception et ventes anticipées,
il faut bien qu'il existe un vice radical dans le
mode d'admission des souscripteurs. Comment
remédier à cela ? comment distinguer les mutations déterminées par des besoins urgents, impré-
vus, par des partages entre héritiers, de celles
qu'il serait impossible de motiver et qui ne sont
provoquées que par la passion du jeu ?

Gêner le porteur d'actions qui est, réellement et inopinément, dans l'obligation de s'en dessaisir, serait un mal et un tort que ne rachèteraient pas les précautions contre l'agiotage. Peut-être trouverait-on le moyen de tout concilier, en interdisant (au moins pour les entreprises de chemins de fer) l'émission d'actions au porteur, et en déclarant que les titres ne seront, dans aucun cas, rendus définitifs, avant le payement d'un premier à-compte. Le désistement des souscripteurs serait alors admis jusqu'à l'époque du premier versement. Par suite de ces mesures, le droit de transfert ne serait acquis et nepourrait s'exercer qu'après quittance reçue de la première somme versée par les actionnaires en vertu de leur titre.

Lorsqu'il sera, en outre, formellement et rigoureusement défendu, non-seulement de vendre à la bourse, mais encore de comprendre dans la cote des journaux spéciaux, le cours des actions, avant qu'un payement égal, par exemple, au cinquième de leur valeur, n'ait été effectué, le nombre des mutations blâmables se restreindra à celles qui auront lieu dans l'ombre, et qui, n'ayant aucune authenticité, n'engageant pas, légalement, les contractants, ne laisseraient, en cas de dol et de fraude, nulle possibilité de recours, soit contre les vendeurs, soit contre les acheteurs.

J'ai lieu de croire aussi que les meilleures garanties sont celles qui sont offertes par les compagnies constituées en sociétés anonymes. L'organisation donnée, jusqu'ici, aux Sociétés en commandite, délègue une action trop puissante et trop illimitée aux gérants titulaires, pour qu'il soit désirable de la voir s'introduire dans la direction des entreprises de chemins de fer.

NOTES DU CHAPITRE III.

(1) *Page 44.*

« Les banquiers accrédités sortent de leur spécialité, lorsqu'ils se rendent concessionnaires de travaux publics. Quel est, d'après la nature de leurs opérations régulières, et quel doit être leur but constant,... si ce n'est celui de rentrer, le plus promptement possible, dans leurs avances et d'abandonner les chances à ceux entre qui ils parviennent à répartir la masse des actions créées ? S'ils conservent un intérêt dans une entreprise, ils le limitent, tout au plus, à leurs bénéfices réalisés. On ne peut, presque jamais, les classer parmi les actionnaires permanents des grandes opérations industrielles. Ils n'y figurent que comme les représentants des bailleurs de fonds dont ils ont la clientèle, et cela seulement jusqu'à ce que les actions soient définitivement classées. A ceux qui les acceptent et qui les gardent appartiennent la gestion et la responsabilité. Ainsi les banquiers usurpent des attributions étrangères à leur office, lorsqu'ils se font *marchands d'actions pour leur compte personnel*, au lieu de se borner à recevoir des déclarations de souscriptions et à se charger de négociations dans l'intérêt de leurs commettants. Leur intervention régulière, en ce qui concerne les entreprises industrielles, ne devrait pas s'étendre au delà de celle qu'ils exercent, momentanément, lorsqu'il s'agit pour eux de faire agréer par des tiers les conditions d'un emprunt public. » (Mémoire en date du 14 mars déjà cité.)

(2) *Page 48.*

Voici comment M. Gaubert jeune résume son opinion sur la question de garantie d'intérêt dans son *Guide des actionnaires de chemin de fer.*

« Une subvention, ou un *minimum d'intérêt* garanti par
» l'État, *à l'avance,* ne rendrait pas la position des ac-
» tionnaires meilleure. *Ce serait seulement, pour les con-*
» *cessionnaires, une occasion de plus gros bénéfices.*

» Après avoir cité plusieurs articles des statuts de la
» Société anonyme, fondée pour l'exécution du chemin
» de fer de Paris à Saint-Germain, il ajoute :

» En ne prenant, du fait qui précède, que ce qui importe
» à notre question, nous voyons 1° qu'un individu ou
» deux obtiennent concession ;

» 2° Que huit ou dix banquiers forment une Société
» financière ;

» 3° Qu'organisée en Société anonyme, ils distribuent
» des actions ;

» 4° Que ces actions peuvent être livrées par eux avec
» prime aux actionnaires.

» **Dès lors**, il est évident qu'une compagnie qui a une
» subvention, ou une garantie de minimum d'intérêt à
» offrir à ses clients, pourra leur faire acheter chèrement
» cette sûreté. »

CHAPITRE IV.

DE LA NÉCESSITÉ D'UNE CLASSIFICATION LÉGALE DES CHEMINS DE FER. — DES BORNES QUE LE GOUVERNEMENT PEUT METTRE, SANS INCONVÉNIENT, A SON INTERVENTION, ET DE LA LATITUDE A LAISSER AUX COMPAGNIES.

§ 1er.

De la nécessité d'une classification légale.

Je commencerai ce chapitre par reproduire quelques-unes des observations contenues dans ma dissertation en date du 16 mars.

« Les chemins de fer, quoique destinés à tout le monde, ne peuvent pas être librement parcourus, ainsi que les routes ordinaires, par le premier venu, quand et comment il lui plait. Ce nouveau mode de communication exige une législation, des règlements spéciaux, basés sur des conditions indispensables à imposer, sous peine de compromettre la vie des voyageurs, et d'entraîner aussi la perte ou, au moins, l'altération des marchandises chargées sur les wagons si rapidement entraînés par les locomotives.

Tout doit être prévu de manière à assurer,

d'une part, la régularité et la célérité du service; de l'autre, à prévenir les causes d'accident. Le nombre des embranchements qui s'ouvriront successivement sur les grandes lignes ne peut être calculé; plus ces embranchements se multiplieront, plus on devra prendre de précautions pour éviter les conflits, régulariser les transports, et combiner ceux-ci avec le service de la ligne principale. L'action du Gouvernement doit rester, à cet égard, complétement affranchie des entraves que les intérêts privés lui susciteraient.

En matière aussi grave et, surtout, aussi peu expérimentée, engager l'avenir serait une impardonnable faute, lorsqu'il y a impossibilité de prévoir les circonstances fortuites, imprévues, qui peuvent surgir plus tard et occasionner d'inextricables embarras. Quand le droit de disposer d'une partie du territoire destiné à un usage public, et de profiter de son produit, est, temporairement, abandonné à des tiers, la faculté de résilier le contrat doit être reservée, de droit, au Gouvernement, qui, de son côté, ne peut pas se refuser à allouer des indemnités stipulées d'avance, et proportionnées aux dommages qu'éprouverait la partie contractante dessaisie.

Ces considérations fournissent des motifs de plus d'assimiler les chemins de fer à grande portée, et établis en vue de l'intérêt général, aux routes royales, dont personne, que je sache, ne songe à contester au Gouvernement le droit de possession et d'exécution, au nom et pour compte de l'État. »

Les difficultés et les controverses qui s'élèvent aujourd'hui font vivement sentir la nécessité de la législation et des règlements spéciaux que je réclamais. Si on eût, comme il convenait, commencé par les établir (ce qui, à la vérité, présentait de grandes difficultés), bien des embarras, bien des prétentions mal fondées eussent été prévenus. Chacun aurait su, d'avance, ce qu'il pouvait entreprendre et se permettre ; l'organisation du système d'exécution des chemins de fer étant beaucoup plus avancée, il ne viendrait plus à l'idée de personne de les considérer comme une propriété privée, et d'appeler *spoliation* leur reprise à l'expiration du contrat passé avec le Gouvernement.

Voici le texte des articles 537 et 538 du Code civil :

Art. 537. « Les particuliers ont la libre dis-
» position des biens qui leur appartiennent, *sous*
» *les modifications établies par les lois*. Les biens
» qui n'appartiennent pas à des particuliers sont
» administrés et ne peuvent être aliénés que dans
» les formes et suivant les règles qui leur sont
» particulières. »

Art. 538. « Les chemins, routes et rues à la
» charge de l'État, les fleuves et rivières naviga-
» bles ou flottables, les rivages, lais et relais de
» la mer, les ports, les havres, les rades, et *gé-*
» *néralement toutes les portions du territoire*
» *français qui ne sont pas susceptibles d'une*
» *propriété privée, sont considérés comme dépen-*
» *dances du domaine public.* »

Ceux qui demandent une concession de chemin de fer réclament aussi la faculté d'*exproprier*, lorsque le chemin qu'ils entreprennent
d'ouvrir doit traverser des propriétés privées.
Or l'expropriation ne peut, d'après la loi, être
accordée que *pour cause d'utilité publique;* les
travaux qu'ils exécutent ont donc également pour
but l'utilité et le service publics : car, s'il en
était autrement, la faculté d'exproprier leur serait interdite. Ils ne peuvent, d'ailleurs, entreprendre ces travaux sans l'aveu du Gouvernement
et sans son autorisation formelle; ils doivent,
par conséquent, ou renoncer à leur entreprise,
ou se conformer, pour son exécution, aux conditions qui leur sont imposées, au nom et dans
l'intérêt de l'État.

Ainsi il n'y a pas *spoliation*, dans le retour à
l'État, à l'expiration d'un contrat librement con-
senti, puisque ce retour était une condition *sine
quâ non.* Ne voyons-nous pas, tous les jours, des

constructions s'établir sur le terrain d'autrui, pour un temps limité de jouissance, et être abandonnées, après un délai déterminé, au propriétaire du terrain, sous les conditions respectivement stipulées ?... Le Gouvernement ne fait pas autre chose lorsqu'il dit aux entrepreneurs d'un chemin public : « Vous achèterez le terrain sur lequel le chemin passera....., vous serez même autorisés à exproprier le possesseur actuel qui ne consentirait pas à traiter à l'amiable ; mais cela n'aura lieu que sous la condition expresse que vous ferez, à l'expiration du privilége qui vous est accordé, abandon gratuit à l'État du chemin que vous allez confectionner. Il y a là contrat synallagmatique ; la spoliation n'existerait que si le Gouvernement prétendait évincer avant l'expiration du contrat, sans allouer de dédommagement. Il est donc nécessaire que les indemnités soient stipulées et graduées d'avance, *pour le cas possible d'éviction ;* elles doivent être d'autant plus fortes que la jouissance aura été plus courte.

La classification qui existe pour les routes abandonnées au libre usage de tous les voyageurs étant plus indispensable encore pour les chemins de fer, il est à propos, vu son importance , qu'elle soit déterminée authentiquement par un acte législatif.

On pourrait considérer comme chemins de fer

de première classe ceux qui seraient dirigés d'une frontière vers une autre, ou de la capitale à une frontière ;

Comme de seconde classe, ceux qui traverseraient plusieurs départements sans se raccorder avec les précédents, et ceux que le Gouvernement comprendrait au nombre des routes stratégiques.

Une troisième classe se composerait des chemins qui viendraient se rattacher à ceux de première et de deuxième classe, et dont le service serait continué par ces derniers.

Enfin une quatrième division se formerait des embranchements secondaires et tertiaires également consacrés au service public, en plaçant hors ligne, et dans une catégorie exceptionnelle, les chemins qui auraient pour but un intérêt et un usage privés.

Cette classification admise, l'intervention pourrait se régler de la manière suivante :

1re et 2e classes. — Le Gouvernement serait autorisé à réserver, au nom de l'État, la possession non interrompue et la direction d'exécution des chemins, dont il déclarerait successivement l'ouverture nécessaire.

Néanmoins il pourrait proposer de concéder à des compagnies, sous des conditions respectivement consenties, l'exécution, soit partielle, soit totale, des travaux, ainsi que l'entreprise à temps

du service à organiser pour la circulation régulière des hommes et des marchandises de toute
sorte.

3ᵉ et 4ᵉ classes. — Elles seraient exclusivement
abandonnées à l'industrie privée. L'exécution des
chemins qui en feraient partie n'aurait lieu que
sur des demandes formelles de concession, pré-
sentées soit par les départements qu'elles intéres-
seraient, soit par des compagnies, soit même par
des particuliers agissant pour leur compte personnel.

Le Gouvernement peut, seul, juger sciemment
quelles seraient les clauses à ajouter à la loi de
classification; mais, dès que ctte loi aura été
adoptée, j'ai lieu de croire qu'il conviendrait de la
faire suivre par une ordonnance royale, ayant pour
objet de préciser les conditions auxquelles tous
ceux qui obtiendraient des concessions de chemin
de fer seraient à l'avenir assujettis. Ces conditions
existent déjà, pour la plupart, dans le cahier des
charges des compagnies en activité. Il ne s'agirait
plus que de donner, aux clauses qu'il deviendrait
indispensable de maintenir, une grande publicité,
et le caractère qui appartient aux règlements généraux d'utilité publique. Chacun saurait alors,
à l'avance, ce qui serait strictement exigé de lui,
et se préparerait à s'y conformer.

Entre les dispositions réglementaires à prescrire se placeraient celles qui auraient pour but de déterminer (*selon la classe à laquelle les chemins appartiendraient*),

En quels cas ces chemins devraient passer soit au-dessus, soit au-dessous des routes ordinaires, ou pourraient être tolérés à leur niveau, et comment se réglerait alors la pose des rails;

La hauteur et la largeur des ponts, les conditions de leur construction, leurs dimensions selon l'espéce de route, ruisseau, canal ou rivière, sur lesquels ils seraient établis;

La déclivité des pentes, lorsqu'il y aurait lieu de déplacer quelques portions des routes existantes;

Dans quels cas il y aurait lieu d'établir des barrières, des gardiens, des gares d'évitement, des stations;

Quelles seraient les précautions à prendre pour assurer le libre écoulement des eaux;

Les dimensions en hauteur et largeur des souterrains, les conditions de leur construction, de celles des puits d'airage, des voûtes, et généralement de tous les travaux d'art;

Le maximum des pentes, courbes et rampes du tracé, la largeur à donner aux chemins proportionnellement au nombre des voies de roulage, la distance entre ces voies et toute autre formalité indispensable à remplir, relativement à l'établissement *terrier* du chemin; la profondeur et la largeur des fossés de clôture;

Le poids des rails et les proportions de leurs supports;

Les réserves générales faites au profit de l'État;

Les conditions de circulation des machines et des wagons étrangers au matériel employé par la compagnie concessionnaire;

Le mode de réception des travaux; celui de rachat en cas d'éviction;

Comment se fera l'application du retour à l'État après l'écoulement du laps de temps de jouissance obtenu par chaque concessionnaire;

Les réserves en faveur des autres entreprises; comment se régleront les indemnités dues aux riverains, dont les propriétés seraient ou envahies ou endommagées;

Le mode de surveillance de l'administration; celui de l'entretien et de la locomotion;

L'obligation de se soumettre à toutes les mesures nécessaires pour assurer la police, la sûreté, l'usage et la conservation des travaux et de leurs dépendances; de subvenir aux frais d'entretien, d'assurer le service du transport des voyageurs, des bestiaux, des denrées et marchandises de toute sorte;

Enfin la fixation des impôts, ainsi que du droit à percevoir sur le transport des marchandises et des voyageurs.

Tout ce qui ne serait pas susceptible d'une application générale devrait, d'ailleurs, être soigneusement écarté de l'ordonnance qui, réunie à la loi de classification, deviendrait le code des concessionnaires de chemins de fer. Les cahiers des charges fixeraient les conditions particulières à rendre obligatoires pour chaque concessionnaire, selon la nature et le but de son entreprise.

§ II.

Des bornes que le Gouvernement peut mettre à sa participation directe à la confection des chemins de fer.

Le retour à l'État des chemins de fer concédés étant admis en principe et formant une des conditions déjà stipulées, la tâche du Gouvernement s'allégit (1). — Il abandonnera, dès lors, sans inconvénient majeur, aux compagnies, les lignes dont elles offrirent de se charger, pourvu, toutefois, qu'il soit *au moins probable* qu'elles seront exploitées par elles avec profit, et sur la certitude acquise que leur exécution, divisée par sections ou zones, se réalisera, pour chaque section, en un très-petit nombre d'années. — Il faut aussi que le tracé soit tel qu'il réponde parfaitement au but principal à atteindre, politiquement parlant.

Quand toutes ces conditions ne sont pas réunies, le Gouvernement doit persister à faire exécuter successivement, aux frais de l'État, les travaux devenus indispensables ; il le doit, par conséquent, de toute nécessité, pour établir des communications rapides, et à bon marché, entre des points éloignés de plusieurs centaines de lieues, surtout si les directions à préférer ne sont pas celles que l'industrie privée choisirait. — Je m'explique.

J'ai exposé, au chapitre deuxième de cet écrit, pourquoi on devait, quelquefois, ne pas hésiter à faire des dépenses qui n'ajouteront rien, pour le présent, aux revenus versés annuellement à la trésorerie. — Entre celles de cette nature, auxquelles nous obligent les travaux qu'exécutent les peuples dont nous sommes entourés, j'ai compris l'ouverture de longues voies de circulation, traversant la totalité de notre territoire.

Pour peu qu'on réfléchisse sur la répartition effective de nos intérêts commerciaux, on demeurera convaincu qu'ayant pourvu à ce que des communications rapides puissent s'établir avec la basse Seine et avec Dieppe, les premiers efforts doivent désormais se porter à l'est, en suivant une ligne qui serait tirée de Lille ou de Valenciennes à Paris, Lyon et Marseille, et qui bifurquerait vers Strasbourg (2).

C'est, en effet, en atteignant ces différentes villes que nous parviendrons à faciliter ainsi qu'à accroître nos relations avec l'Amérique, l'Angleterre, la Hollande, la Belgique, la Suisse, l'Allemagne et toutes les puissances auxquelles elle touche; enfin, avec l'Italie et le Levant.

A droite de la ligne que je trace par la pensée, nous avons, assurément, à servir des intérêts nationaux d'une très-grande importance; mais, pour le Gouvernement, ils ne doivent passer qu'après les autres. C'est donc de ce côté, et par conséquent vers l'ouest, qu'il peut laisser, en ce moment, libre carrière à l'industrie privée.

Lorsque le prolongement d'une seule lieue, dans le tracé d'un chemin, coûterait des millions sans procurer un avantage proportionnel à ce supplément de dépense, un Gouvernement, ménager des deniers publics, est dans l'obligation d'arriver à son but par la route la plus courte, si elle est la moins coûteuse. Les détours ne doivent donc être acceptés que pour éviter des difficultés physiques et des frais plus grands encore. — Par les mêmes motifs, si, en suivant une direction jusqu'à un point donné, on peut atteindre, avec économie, deux grandes villes frontières, il convient de faire partir de ce point les bifurcations qui conduiront à l'une et à l'autre de ces destinations.

Quand, dans une direction quelconque, les communications sont déjà rendues économiques par la navigation fluviale ou par celle des canaux, les intérêts créés demandent à être pris en sérieuse considération. Alors, si le tracé par les plateaux n'offre pas des difficultés qu'on ne parviendrait à surmonter qu'en se résignant à de grands sacrifices pécuniaires, ce tracé, comme cela a lieu pour atteindre Rouen, mérite la préférence. On double ainsi les voies faciles et économiques de transport; chacun s'attache à celle qui lui convient le mieux.

J'ajouterai qu'il y aura souvent avantage à *tendre la corde*, sans se laisser détourner de son but par les instances des villes populeuses qui, n'étant pas situées dans la direction naturelle, souhaiteraient cependant être abordées. — Accorder à l'une ce qui serait refusé à l'autre occasionnerait de fâcheuses rivalités; nous en avons plus d'un exemple. Les indemnités à payer, pour expropriation, s'accroissent, d'ailleurs, dans une forte proportion dès qu'il s'agit d'attaquer par deux points (l'entrée et la sortie) le précieux territoire des banlieues. Enfin, plus les villes seront riches et peuplées, plus elles s'empresseront d'établir, aux frais communs ou par création d'actions, des embranchements avec le chemin que le Gouvernement fera exécuter,

puisqu'elles profiteront des dépenses consenties
au nom de l'État, sans outre-passer leurs ressources locales. On parviendra ainsi à multiplier
d'autant plus les embranchements, qu'on réussira
mieux à se tenir à des distances presque égales
du plus grand nombre possible de centres de
commerce et d'industrie.

Je répondrai, de nouveau, à ceux qui envi-
sagent comme un inconvénient et un tort de traverser les localités pauvres, que si une compagnie, à laquelle il importe toujours de réaliser de
grands profits, agissait ainsi, elle marcherait ef-
fectivement vers sa ruine; mais, pour le Gouvernement, c'est autre chose. Il ne peut jamais s'attacher trop fortement à faire disparaître, autant
qu'il dépend de lui, l'infériorité des départements
qui, comme ceux du centre, en sont, en grande
partie, redevables à l'oubli dans lequel ils ont
été, pendant si longtemps, laissés. N'est-il pas
devenu indispensable, ainsi que je crois l'avoir
déjà démontré, d'y appeler la population qui
surabonde ailleurs et qui viendrait y féconder
un sol négligé plutôt qu'infertile? Il ne l'est pas
moins d'affaiblir la disproportion choquante qui
existe entre la valeur des propriétés dans les diverses régions du royaume, lorsqu'elle n'a,
comme il arrive fréquemment, d'autre cause
que la rareté des bras intelligents et robustes,

ou l'insuffisance des communications faciles (3).

S'il s'agissait de faire l'application de ces diverses considérations au chemin de Paris, à Lyon et à Marseille, je serais fondé à penser qu'il y aurait un très-grand avantage, sous le rapport économique, à préférer la direction qui, en partant de Paris, permettrait de prolonger jusqu'à Sens ou Nogent-sur-Seine, et peut-être jusqu'à Dijon, le tracé commun à Strasbourg et à Lyon, puis de choisir, pour point de partage, une des villes que je viens de nommer; mais l'importance de la double communication exigerait qu'on donnât à la section commune une largeur suffisante pour y établir, au besoin, jusqu'à quatre voies de roulage, afin d'obvier, dans toute circonstance, à l'interruption du service. — Le choix à faire ne peut avoir lieu qu'après l'examen comparatif des études entreprises par les habiles ingénieurs des ponts et chaussées; il n'empêchera point, sans doute, la compagnie, dont MM. Mellet et Henry se sont rendus les organes, de se livrer à l'exécution de ses projets.

En effet, le tracé par Nevers, Digoin et Roanne s'écarte assez de ceux dont le Gouvernement s'occupe, pour que la concurrence n'ait rien de redoutable. Il y aurait, de l'un et de l'autre côté, à transporter, sans rivalité aucune, d'immenses produits de la culture et des usines. Au reste, je suppose que les travaux du chemin à abandonner à une compagnie seraient réglés par stations et qu'ils ne se prolongeraient, jusqu'à leur point d'arrêt de Roanne, que si les produits répondaient aux espérances. — En entreprenant d'ouvrir cette communication, secondaire quant à l'étendue, mais du plus haut intérêt sous le rapport industriel et commercial, la compagnie concessionnaire aurait à se dispenser de prendre son point de départ de Corbeil; elle saisirait le chemin exécuté par le Gouvernement au lieu où il commencerait à s'éloigner de la direction qu'elle aurait elle-même préférée.

Si le Gouvernement adoptait définitivement la ligne passant par Dijon, ou même s'il préférait tout autre tracé jusqu'à Lyon, il conviendrait de suivre ensuite le cours du Rhône, rive gauche; car, dans cette hypothèse, il n'y aurait plus à rechercher les plateaux. Les difficultés et les lenteurs de la navigation du Rhône à la remonte placent ce fleuve dans une situation exceptionnelle. Elles rendent indispensable le prolongement du chemin de fer jusqu'à Marseille, tandis qu'on pourrait ajourner l'exécution de celui de Rouen au Havre, puisque les communications entre ces deux villes ont déjà lieu, à la remonte ainsi qu'à la descente, en moins de six heures, par le service des bateaux mus par la vapeur. Aussi suis-je persuadé qu'il est de l'intérêt de la Compagnie concessionnaire de s'occuper, par préférence, de l'embranchement vers le port de Dieppe, qui, privé de toute navigation fluviale, est dédommagé par une communication plus directe et plus prompte avec Londres, au moyen des bateaux à vapeur qui se dirigent régulièrement sur Brighton, ou qui en partent.

§ III.

De la latitude à laisser aux Compagnies concessionnaires.

Les développements qui précèdent, en montrant les bornes où, d'après mon opinion, devront s'arrêter les concessions du Gouvernement, ont pu faire entrevoir celle que je jugerais convenable d'imposer à l'intervention des Compagnies, dans la gestion des intérêts matériels.

Bien loin d'être animé de sentiments peu favorables pour elles, c'est avec un désir sincère d'assurer, aux associations utiles et prudemment organisées, des protections efficaces, que j'ai cherché par quels expédients on parviendrait à garantir les actionnaires sérieux des atteintes de l'agiotage, et à procurer à tous les intéressés sécurité et confiance.

La plupart des Compagnies formées depuis

quelques années, filles bâtardes de la bourse ou des Sociétés en commandite, et déjà frappées du discrédit attaché à leur origine, ont, par leurs prétentions, par leurs promesses fallacieuses et par les réserves exagérées de leurs gérants, éloigné d'elles ceux qui ne s'attachent qu'aux placements solides; (4) elles ont, ainsi, d'autant mieux conspiré contre elles-mêmes, qu'elles ont rendu nécessaires des précautions capables d'opposer un frein salutaire aux spéculations reprochables.

Eh bien, il s'agit de jeter un voile sur le passé, de réhabiliter les Compagnies, *de les nationaliser*, et d'obtenir du Gouvernement qu'il les traite avec bienveillance, qu'il leur accorde même ses encouragements et ses faveurs.

Il y a lieu de faire entre les Compagnies des distinctions correspondantes à la classification que j'ai hasardé de proposer.

Les chemins de fer des deux premières divisions exigent des capitaux considérables, et un ensemble de moyens d'exécution auxquels il peut être rarement pourvu ailleurs que dans les grandes cités, et là presque toujours par l'initiative des hommes dont le nom est devenu une autorité..., presque une puissance. La fortune acquise par la spéculation consciencieuse et biencombinée, je veux dire par celle qui ne cache rien de contraire à la probité et à la morale, est une preuve de capacité et d'habileté. Honneur donc et appui à ceux que leur entente des affaires y a conduits! Il est à croire qu'ils n'auront pas moins de soin du bien des autres que du leur, s'ils se chargent de l'administrer. Ils ont fourni des gages : la confiance publique leur est due.

Mais ces hommes rares et ceux qui s'attachent à leur destinée resteraient sans garantie contre les embûches de la fausse banque et de l'agiotage (nous en avons, en ce moment même, des exemples), si des mesures du ressort de l'autorité publique ne venaient pas à leur aide. Voilà ce qui m'engage à regarder comme indispensable d'éviter de comprendre, de prime abord, dans les créations d'actions, la totalité de l'évaluation des dépenses à faire pour mener à bien une opération colossale. Je n'hésite pas à dire qu'il y aurait prudence à n'accorder, à l'avenir, de grandes concessions que sous la condition expresse qu'il serait établi autant de divisions des travaux et d'appels des sommes destinées à y pourvoir, qu'on pourrait, raisonnablement, se promettre de terminer des uns et d'employer des autres pendant la durée d'une ou de deux années, au plus.

En même temps, il serait juste de laisser les concessionnaires jouir de la faculté de poursuivre leur tâche jusqu'à son dernier terme,

à moins de désistement formel de leur part,
déclaré dans un délai égal à celui qu'ils auraient
employé à accomplir leur précédent essai. —
Ce délai expiré, sans reprise des travaux, le
privilége obtenu par l'acte de concession serait
annulé pour toute la partie non exécutée. —
Je ne reviendrai pas sur les motifs de ce mode
de transaction, me référant à ceux que j'ai exposés au chapitre troisième.

Avec de telles précautions et de telles garanties,
les gérants d'une entreprise verraient, vraisemblablement, se grouper autour d'eux les propriétaires de terres et d'usines, tous ceux, en un
mot, qui auraient un intérêt direct à son succès. L'association deviendrait, entre eux, réelle
et durable, parce qu'elle reposerait sur une
réciprocité de convenance et sur une évidente
utilité.

' Ceux qui se mettraient à la tête d'une opération aussi vaste que serait celle d'un chemin de
fer de Paris à Bordeaux, par exemple, ou même
que la jonction à opérer, par les départements
du centre, entre Paris et Lyon, ne devraient pas
se dissimuler que le Gouvernement est fondé à
exiger qu'ils coordonnent leur tracé avec celui
des grandes communications qu'il fera exécuter
aux frais de l'État, et que, par conséquent, ils
devront se soumettre anx conditions qu'il im-

6

posera pour la direction, les pentes, la largeur et le nombre des voies de traction, le
poids des rails, etc.; mais, en même temps,
il est désirable que les obligations des sociétaires soient renfermées, quant à l'étendue des
travaux, dans les limites choisies, annoncées
par les concessionnaires, et que ceux-ci puissent se refuser à y ajouter des embranchements. — Ne serait-il pas également à propos
de regarder les tarifs comme provisoires, et
d'accéder à des révisions fréquentes? Le Gouvernement n'est pas plus en mesure que les
compagnies de déterminer ce qui deviendra,
plus tard, opportun : on a encore, de part et
d'autre, bien des choses à apprendre à ce
sujet.

A part l'application immédiate trop étendue,
peut-être, il y avait pensée grande et belle,
sage prévoyance, et vue d'avenir, dans le projet
développé, à la fin de l'hiver dernier, par le
Ministre des travaux publics, de l'agriculture
et du commerce. Quoique ce projet n'ait pas
été, alors, apprécié ainsi qu'il méritait de l'être,
on peut espérer qu'il sera reproduit avec les
modifications jugées nécessaires. On peut se
flatter aussi que l'expérience acquise fera perdre,
aux opinions politiques, de leur puissance sur
l'appréciation des intérêts matériels ; elle affai-

blira, sans doute, les préoccupations, si elle ne les détruit pas entièrement. — Ainsi, tout en accordant une large part à l'industrie, le Gouvernement pourra obtenir qu'il y ait concordance entre les travaux qu'il lui abandonnera, et l'exécution qu'il prescrira pour ses réserves.

On aura moins à exiger des concessionnaires des chemins de troisième classe, et moins encore pour l'exécution des embranchements secondaires et tertiaires, les conditions à imposer devant se régler sur la destination de ces chemins. On pourra, d'après leur espèce, autoriser des courbes plus ou moins fréquentes, plus ou moins sensibles, en profitant des essais déjà faits avec succès par M. Laignel...., des pentes plus fortes, par l'emploi des chariots à essieu brisé de M. Vilback...; se rapprocher, par conséquent, ou s'écarter de l'horizontalité, selon le but de l'embranchement. — Lorsqu'il sera ouvert pour favoriser le transport des produits locaux, soit de la culture, soit des usines et des fabriques; lorsque les retours ne devront pas être proportionnels aux expéditions, il n'y aura presque jamais d'inconvénient à adopter le mode le plus économique. Dans ce cas, et quand les concessionnaires ne se proposeront pas de lancer leurs locomotives et les voitures qu'elles remorqueront sur les chemins de première et de deuxième classe, pourquoi les astreindrait-on à se conformer, relativement au poids des rails, à la largeur des voies de roulage, et aux autres conditions fixées pour ces classes? — Le service se continuerait, alors, au moyen de transbordements, jusqu'aux grandes voies dont les intéressés profiteraient, si leurs calculs préalables le décidaient à le régler ainsi.

Il ne s'agit plus, au reste, d'une entreprise isolée, d'un essai hasardeux comme pour les chemins de Saint-Étienne à Lyon et à Andresieux. L'art a fait de grands progrès. Les dépenses peuvent se supputer, aujourd'hui, avec plus d'exactitude, les travaux acquérir plus de perfection, en se reportant aux recherches, à l'expérience et au devis des ingénieurs, en consultant aussi les ouvrages spéciaux publiés tant en France qu'à l'étranger. Malheureusement, toutes les données obtenues n'ont que trop prouvé que nous avons eu à faire, jusqu'ici, dans la plupart des directions, et par lieue de chemin, des dépenses presque décuples de celles des Américans, trois à quatre fois supérieures à celles des Belges, et aussi élevées qu'en Angleterre, tant notre sol s'éloigne fréquemment de l'horizontalité, première condition d'une exécution facile et à bon marché. Ne nous étonnons donc pas de ce que nous sommes restés, dans cette industrie nouvelle fort en arrière des autres peuples : la prudence le voulait ainsi. Elle commande encore de ne se mettre à l'œuvre qu'après s'être rendu compte des avantages directs ou indirects, présents ou futurs, à attendre de travaux aussi considérables et d'un entretien aussi dispendieux. Ceux qui y prendront part, à l'avenir, profiteront des épreuves faites; ils s'approprieront, en même temps, les perfectionnements que chaque tentative apporte dans l'application des procédés de construction et de traction. Qui sait, même, si on ne parviendra pas à parcourir, à l'aide d'un agent puissant non encore essayé, les routes ordinaires avec la rapidité obtenue sur les chemins à tringles superposées?... et cela, sans nuire, en quoi que ce soit, à la circulation par les routes transversales, sans interrompre aucun service, et sans être astreint à marcher par convois, partant à heure fixe, ne pouvant se rompre, et devant suivre, rigoureusement, l'ordre établi au départ.

La science, toujours progressive, peut, en outre, arriver (elle est déjà sur la voie) à diminuer très-sensiblement l'emploi de la houille et à accroître, dans une forte proportion, la puissance agissante de la vapeur. On est prêt, aussi, de trouver le moyen de modérer la dépense des déblais et des remblais. Tout cela se réalisera pendant que les grandes lignes se traceront et s'ouvriront. — Alors il y aura plus d'empressement à former le réseau qui viendra s'y rattacher. Jusque-là, engager à la réserve est de bon conseil ; mais, lorsqu'après l'avoir écoutée, des associations locales s'organiseront, le Gouvernement fera une chose éminemment utile, en les encourageant par ses concessions et par son assistance.

C'est dans de telles intentions qu'il y aura lieu, quelquefois, d'accorder aux entrepreneurs des chemins de toute classe, dont la convenance sera bien établie, soit la garantie d'un minimum d'intérêt, soit une coopération active, soit même des subventions ou des prêts, selon ce qu'on jugera utile à l'intérêt public ; car, je le répète, le Gouvernement doit rester parfaitement libre de son choix et ne le décider que d'après les situations, ou les circonstances. Toute obligation générale, contractée à l'avance, et invariable dans son application, serait une faute très-grave. C'est ainsi que j'envisagerais une accession immédiate, absolue, au système de M. Bartholony, en rendant, toutefois, une entière justice aux louables motifs qui l'ont animé.

Je terminerai ce long chapitre par répondre à ceux qui se plaignent à la fois des formalités et des lenteurs mises à l'expropriation, ainsi que de la trop-value de l'estimation des possessions envahies.

On ne peut s'étonner du désir que témoignent les actionnaires d'obtenir le libre usage de ces possessions, au moindre prix possible. Supposons, néanmoins, qu'il se rencontre parmi eux des propriétaires dont les champs, le manoir, les bâtiments d'exploitation seront situés de manière à être traversés, détruits par les concessionnaires d'une autre entreprise à laquelle ils auront refusé de prendre part... Que ces actionnaires disent, la main sur la conscience, s'ils n'éprouveront pas une vive contrariété, lorsque l'héritage qu'ils ont reçu de leurs pères, l'habitation qu'ils ont construite avec délices, le parc qu'ils se sont plu à orner, seront divisés, bouleversés...Croiront-ils être dédommagés par une indemnité, même supérieure à la valeur intrinsèque de ce qui leur sera enlevé? Celle qu'ils attribueront à la privation de leur jouissance, ne l'évalueront-ils pas bien au delà?—Cependant le jury n'y aura, tout au plus, qu'un faible égard. Qu'ils cessent donc de trouver déplacées, superflues, les précautions, les garanties que la loi a imposées avec toute équité. Qu'ils mettent l'inconvénient de payer chèrement, quelquefois, les propriétés occupées par eux, au nombre des charges inévitables qu'ils ont dû comprendre dans leurs calculs. Il n'y aurait lieu d'amender la loi que si, après avoir mûrement pesé les observations des concessionnaires, on reconnaissait qu'elle ne protége pas leurs intérêts à l'égal de ceux des propriétaires, ou qu'elle impose des formalités de nature à retarder inutilement les travaux.

Il ne faudrait pas croire, d'ailleurs, que l'opinion est unanime sur les avantages des chemins de fer : beaucoup de personnes ne sont encore frappées que des inconvénients qu'ils entraînent et qui ne peuvent être niés (5). La plupart des propriétés voisines des stations acquerront incontestablement un prompt accroissement de valeur... En sera-t-il ainsi, dans une même proportion, de celles qui, quoique traversées ou abordées, ne jouiront pas d'un tel privilége? Ne peut-il pas arriver que celui qui se confiera aux locomotives soit laissé à huit ou dix lieues en arrière, ou transporté, malgré lui, à une égale distance en avant, et contraint de recourir à un autre mode de transport, plus dispendieux et plus lent, pour se rendre à sa destination? Le même inconvénient se présentera pour les transports des produits du sol. Ces considérations expliquent bien des répugnances et des oppositions. Les unes et les autres s'affaibliront, lorsque les embranchements seront demandés et exécutés, par accord entre les riverains qui auront apprécié les avantages de leur établissement; on s'arrangera de manière à les rendre à peu près également profitables aux principaux intéressés, en rapprochant les points d'arrêt. Alors, au moyen de la faculté accordée de décrire des courbes, on évitera de passer sur l'héritage des propriétaires récalcitrants ou trop exigeants. Il adviendra aussi qu'une partie des terrains traversés sera offerte gratuitement, ou obtenue par transaction amiable et peu onéreuse.

NOTES DU CHAPITRE IV.

(1) *Page 71.*

Le mémoire que j'ai adressé à M. le Président de la commission nommée par la Chambre des Députés, à l'époque de la discussion du projet du Gouvernement, se terminait par l'alinéa suivant :

« En livrant les deux chemins (celui du Havre et celui d'Orléans), soit même un seul à des compagnies, sous les conditions d'exécution matérielle, de règlements de tarifs et de durée de concession qu'il serait jugé nécessaire de leur imposer, il deviendra possible d'ouvrir et de poursuivre, avec plus d'activité et sans nul retard, des travaux dans une direction non moins importante. Une sorte de compromis avec ces compagnies semblerait donc devoir présenter des avantages réels , si , toutefois, elles consentent à traiter sous des réserves telles que l'intégralité des droits de l'État puisse être strictement garantie , et que rien ne vienne gêner l'action que le Gouvernement aura à exercer dans cet intérêt suprême. Cette faculté, étant mise à l'abri de toute atteinte, ce que je persiste à regarder comme indispensable, l'émulation qui s'établirait dans la conduite et l'exécution des travaux des compagnies d'une part, de l'autre, dans les entreprises dirigées par l'administration, aurait indubitablement d'heureux résultats. On serait conduit alors à décider, en connaissance de cause , si les compagnies opèrent mieux , plus promptement et avec plus d'économie. On apprécierait avec plus de justice ce qui peut être fondé dans les reproches dont on accable l'administration des ponts et chaussées , et en quoi son organisation peut être vicieuse. Enfin, il y aurait, en quelque sorte, force de chose jugée. Il n'existerait plus de motifs sérieux d'indécision , lorsqu'il s'agirait de proposer de nouvelles entreprises. »

(2) *Page* 72.

« Le comte Algorotti a dit, dans ses Lettres sur la Russie, *que Pétersbourg était la fenêtre d'où cette puissance observait l'Europe.* — Nous avons aussi une fenêtre d'où nous pouvons observer l'Afrique et l'Asie. Cette fenêtre est Marseille. De ce côté, un vaste champ reste ouvert à notre commerce , et peut lui assurer une longue prospérité ; car les peuples avec lesquels on communique par la Méditerranée et par la mer Noire, qui n'est qu'une de ses subdivisions, ont, hors ceux de l'Italie et de l'Autriche (j'ose à peine y ajouter la malheureuse Espagne), une civilisation et une industrie peu avancées, quoique presque tous soient en voie de progrès. Là, en maintenant quelques franchises, dont, en définitive, toute la France profite, il nous serait plus facile de conserver l'avantage sur l'Angleterre, qui n'atteint les mêmes côtes qu'après une navigation plus longue, plus dispendieuse, et dont nos marins peuvent, dans beaucoup de cas, éviter les stations... Là, nous avons une importante colonie à organiser, ou, si nous le jugeons plus convenable, un État tributaire à fonder. De ce côté encore, si des projets que nous pouvons encourager se réalisent, nous arriverons, par la mer Rouge, à l'Inde et à la Chine, rendant ainsi à la navigation de cette mer toute l'importance que le long circuit par le cap de Bonne-Espérance lui avait fait perdre, et laissant l'Angleterre se charger d'ouvrir, selon ses projets, une autre route par la Syrie et l'Euphrate, route qu'elle s'efforcera d'embarrasser d'entraves pour les autres peuples, et d'utiliser, autant qu'il dépendra d'elle, à son seul profit. Une communication par l'Égypte avec l'Inde, en avisant aux moyens d'atténuer, s'il est possible, les difficultés de la navigation aux approches de Suez et du détroit de Bab-el-Mandel, nous procurerait des débouchés d'autant plus précieux, qu'elle apporterait, avec elle, économie de temps et de frais de navigation... Du même côté, enfin, nous obtiendrions les principales matières premières qui nous manquent. Nous trouverions l'écoulement le plus durable de nos produits industriels dans la Perse, dans la Turquie, dans l'Égypte indépendante ou tributaire, et même dans la partie méridionale du vaste empire des Czars, soit qu'il reste soumis à une seule domination, soit que des événements à prévoir amènent, quelque jour, par suite de démembrements divers, et sans lésion de nos intérêts, le rétablissement d'un empire d'Orient, plus vivace et mieux organisé que celui des successeurs de Mahomet. » Etc.

(Pages 20 à 22 de mon mémoire sur notre commerce extérieur, publié en 1836, sous le titre : DES INTÉRÊTS MATÉRIELS DE LA FRANCE, Ire *partie, commerce extérieur.* Chez madame Huzard, rue de l'Éperon, n° 7, et à la librairie du commerce, chez Renard, rue Sainte-Anne.)

(3) Page 76.

Je me permettrai de citer ici un extrait de mes *Recherches statistiques et économiques sur le produit des récoltes,* recherches encore inédites.

« En attendant que les aperçus de Chaptal (sur la différence de valeur des propriétés territoriales des départements) puissent être rectifiés et complétés, voici quelques recherches concordantes avec le dernier recensement de la population, qui contribuèrent à démontrer combien il est urgent de se mettre à l'œuvre pour utiliser, mieux répartir, et tenir occupés les bras oisifs et les têtes ardentes.

» En mettant hors ligne le département de la Seine et celui de la Corse, le surplus de la population, distribué entre 84 départements, comprend, conformément au recensement de 1836...., 32,226,130 habitants, qui, répartis également, se trouveraient distribués, par lieue carrée, au nombre de 1,227; soit, en nombres ronds, 1,200.

» Mais, d'après l'état réel de la répartition,

» Le nombre d'habitants, pour les 8 départements les moins peuplés, n'excède pas le terme moyen de 642;

» Sur 19 départements dont les plus populeux restent au-dessous de 1,000, celui de 902 ;

» Pour 18 où il s'élève de 1,000 à 1,200, le terme moyen est 1,109;

» Il est de 1,353 pour 24 où ce terme excède 1,200, mais n'atteint pas 1,500;

» De 1,714 pour 9 qui ont une population de 1,500 à 2,000 habitants;

» Enfin de 2,653 pour 6 dont la population est répartie entre le nombre 2,002 et 3,574;

» 45 départements, non compris la Corse, restent donc encore au-dessous du terme moyen de 1,200 habitants par lieue carrée; quelques-uns, à la vérité, s'en rapprochent beaucoup.

» Si la population de tous ces départements atteignait la proportion moyenne, la France acquerrait, par cela seul, un supplément de 4 millions d'habitants, distribués de la manière la plus avantageuse pour l'amélioration des cultures. Cette plus égale répartition, ou plutôt cet accroissement qui, certes, n'a rien d'impossible, serait d'un avantage immense, car il ne tarderait pas à exercer la plus heureuse influence sur la valeur des terres, laquelle suit, presque partout, les proportions de la population, plus encore, peut-être, que celle du degré de fertilité du sol. S'il existe des exceptions, les plus notables se remarquent pour les départements en possession de grandes villes, et pour ceux où, comme dans la Creuse, la Haute-Vienne, le Cantal, la Corrèze et quelques départements maritimes, une partie des habitants valides et laborieux se déplace annuellement et fait défaut pour la culture des terres.

» L'état de situation de chaque département, sous le rapport de l'étendue, de la population, du nombre d'hectares et du produit de ceux-ci, révèle des faits curieux. On y voit que les départements du centre, composant la

5ᵉ division, qui tous figurent, excepté le **Puy-de-Dôme**, parmi les vingt-sept départements les moins peuplés, se soutiennent au quatrième rang pour la récolte des grains. La population seule y manque. Placés au second rang pour l'étendue des terres labourables, ils rivaliseront avec les régions les mieux partagées jusqu'ici, lorsque des bras nombreux et exercés viendront y fouiller plus profondément le sol, et le soumettre à des cultures productives et judicieuses. C'est vers ce centre que les spéculations agricoles doivent se porter, aidées par les efforts que le Gouvernement fera pour y multiplier, *comme première condition de succès*, les voies de communication de toute sorte..... C'est enfin, car je ne puis trop le redire, en cherchant à y fixer une population plus nombreuse. **Pour** cela, il y aurait à faire des dépenses, ou plutôt des avances qui porteraient de bons fruits. On parviendrait ainsi à mettre constamment les produits en rapport avec les besoins éprouvés, et à réaliser, par cette prévoyance, des améliorations durables. Cette population coloniale, répartie dans les départements où elle est encore trop disséminée, y fécondera un sol inerte, tandis qu'elle chercherait vainement à obtenir des récoltes plus abondantes et plus belles des champs où elle se presse, et dont les riches moissons ne suffisent plus pour la nourrir et l'occuper. »

(4) *Page* 79.

La difficulté du choix à faire entre les entreprises qui sont successivement annoncées, et l'incertitude de leurs chances, quelque bien combinées qu'elles paraissent, m'ont engagé à proposer d'appliquer aux opérations d'une exécution matérielle le système de mutualité dont l'emploi a été, jusqu'à ce jour, à l'usage presque exclusif des compagnies d'assurance.

Je me reconnais donc le promoteur de *l'avant-projet* auquel M. le Directeur du *Moniteur industriel* a bien voulu donner place dans le numéro du 1er novembre dernier.

Ce projet ne pouvait être accueilli par les personnes qui préfèrent les placements rigoureusement déterminés, non plus que par celles qui font, d'une institution quelconque, l'objet d'une spéculation personnelle ; mais les motifs qui m'ont dirigé seront, sans doute, appréciés par tous ceux qui recherchent, sincèrement, les moyens d'offrir, aux détenteurs de capitaux disponibles, une sauvegarde contre des emplois désastreux. C'est pourquoi, ne perdant pas l'espérance de voir ma proposition obtenir leur assentiment et leur appui déclaré, j'en reproduis ici les bases.

La Société de mutualité d'intérêt serait anonyme, sa durée de 90 ans, son capital illimité...

Elle aurait pour but de réunir, sous l'approbation du Gouvernement, en fonds commun, les capitaux mis successivement à sa disposition, et de les employer dans les entreprises déjà créées ou à créer, auxquelles elle jugerait devoir prendre part.

Tous les sociétaires participeraient aux charges et aux bénéfices, proportionnellement à leurs apports, et à dater des versements effectués par eux.

La Société n'accepterait la régie d'aucun des établissements auxquels elle s'intéresserait, et n'accorderait sa participation qu'aux associations, compagnies et entreprises autorisées dans les formes légales. Sa responsabilité serait, dans tous les cas, limitée aux engagements qu'elle aurait souscrits.

Aucun placement de capitaux, dans les entreprises diverses en cours d'exécution, ne s'effectuerait que conformément aux délibérations du conseil d'administration, prises avec le concours d'un comité consultatif, l'un et l'autre complétés, au besoin, par des membres suppléants, et votant conjointement, à la majorité absolue des suffrages.

Cette majorité absolue suffirait, lorsqu'il s'agirait d'intervenir dans une entreprise quelconque au prix d'émission des actions, reconnu en rapport avec le capital foncier ou mobilier, et avec les valeurs destinées à un emploi productif. Mais, lorsque le cours authentique desdites actions, déjà classées, serait soit supérieur, soit inférieur à leur taux d'émission, l'intervention de la Société de mutualité, provoquée par la proposition formelle d'un de ses membres, ou par les offres des détenteurs d'actions à acquérir, n'aurait lieu qu'après un vote approbatif des trois quarts, plus un, des membres du conseil d'administration et du comité consultatif réunis.

Les actionnaires qui auraient le droit d'assister aux assemblées générales pourraient, par délibération expresse, interdire des placements dans les entreprises nominativement désignées par eux, lorsqu'elles n'obtiendraient pas leur confiance.

L'intervention de la société de mutualité d'intérêt serait applicable

Aux emprunts contractés par le Gouvernement;

Aux opérations des sociétés d'assurances;

Aux compagnies concessionnaires de chemins de fer, de canaux, de ponts et autres ouvrages d'art;

A la construction, ainsi qu'au service des machines locomotives et des bateaux à vapeur;

Aux usines et aux fabriques de toute espèce;

Aux établissements divers créés après obtention de brevets d'invention et de perfectionnement , ayant été l'objet de rapports spéciaux approbatifs, faits au conseil de la Société d'encouragement pour l'industrie nationale;

Aux entreprises de défrichement , de desséchement et de colonisation ;

Aux associations formées pour encourager et étendre notre commerce extérieur et les pêches maritimes.

Tout concours serait rigoureusement refusé aux établissements , de quelque nature que ce soit, qui ne seraient pas reconnus reposer sur d'heureuses combinaisons, et sur des gages d'une valeur réelle, facilement appréciable.

Le versement du montant des souscriptions pourrait se réaliser par transfert, à la société , de rentes sur l'État, ou d'actions des banques publiques légalement instituées.

Les fonds sans destination immédiate seraient employés provisoirement en rentes, ou en actions de banque. Pour mettre l'association constamment en mesure de faire des placements avantageux , une partie des fonds souscrits recevrait cette destination temporaire, et serait successivement remplacée dans la proportion de son emploi.

La répartition des bénéfices acquis sur la masse totale des placements aurait lieu deux fois par an, après règlement de compte avec les Directeurs des entreprises auxquelles on se serait intéressé.

Lorsque l'intérêt obtenu dépasserait annuellement 5 p. 100 des sommes engagées cumulativement, la moitié de l'excédant serait retenu, soit pour compléter cet intérêt de 5 pour 100 , dans les années où il ne pourrait pas être alloué sur les bénéfices réalisés, soit pour former un fonds de réserve dont le placement successif, *en immeubles,* accroîtrait, au profit et pour les sûretés de chacun , le capital primitivement versé , soit pour remédier aux altérations que ce capital aurait pu éprouver , soit, enfin, s'il n'avait subi aucune diminution , pour effectuer graduellement son remboursement.

Les intéressés à l'exécution des entreprises soumissionnées, ou déjà en activité, qui souhaiteraient faire l'apport de leurs actions à la société de mutualité d'intérêt, seraient invités à le déclarer. Il serait prononcé sur leurs offres par délibération prise conformément à l'organisation du conseil d'administration et du comité consultatif réunis.

(5) Page 88.

J'emprunte ce qui suit aux observations que j'ai insérées, en 1836, dans le *Moniteur industriel.*

« Les conditions imposées pour l'usage des chemins de fer ne sont pas un des moindres obstacles à ce qu'ils se multiplient. D'autres entraves résulteront , nécessairement, des frais énormes de l'entretien de ceux qui serviront au transport d'une grande quantité de marchandises d'un poids considérable. On ne peut calculer encore l'étendue moyenne annuelle de ces frais, car nulle part les épreuves n'ont été assez répétées, ni assez concluantes. Ces réparations entraîneront des embarras, quelquefois des interruptions dans le service , à moins que l'on ne parvienne, en décrivant des courbes, selon le système de M. Laignel, à substituer, aux supports et aux tringles en réparation, d'autres supports et d'autres tringles, ou rails, d'un emploi momentané. »

CHAPITRE V.

DES MOTIFS QUI DOIVENT ENGAGER A ORGANISER, SOUS L'AUTORITÉ DU DIRECTEUR GÉNÉRAL DES PONTS ET CHAUSSÉES ET DES MINES, UN SERVICE SPÉCIAL RELATIF A L'EXÉCUTION ET A LA SURVEILLANCE DES CHEMINS DE FER.

Tous ceux qui ont émis l'opinion que l'exécution des chemins de fer devait être abandonnée à l'industrie privée, se sont plaints, plus ou moins amèrement, de l'Administration des ponts et chaussées : ils l'ont accusée d'exiger des conditions souvent inutiles, toujours onéreuses. Les plus modérés ont pensé que, déjà surchargée de travaux, elle entreprendrait plus que ses agents, quel que soit leur zèle, ne peuvent faire, si un service supplémentaire leur était confié. Je me range, dans l'intérêt du Gouvernement et du Pays, à l'opinion de ces derniers, et je fonde la mienne sur des motifs qui ne peuvent manquer d'être appréciés par les Ingénieurs des ponts et chaussées eux-mêmes.

Il est impossible, en effet, de ne pas reconnaître que la tâche qu'ils ont à remplir pour diriger la confection, l'entretien des routes et des canaux, restera plus que suffisante à l'emploi de leur temps et de leurs forces, si, comme on doit le souhaiter, aucune réduction n'est apportée à ce service si essentiel.

Les 34,511 kilomètres de routes royales, et les 16,506 kil. de routes départementales qui existaient en 1836, sont loin encore de leur perfection; car ces voies, qui sillonnent la France en tous sens, laissaient pour les routes royales 3,542 kilomètres de lacunes, et 10,000 kilomètres pour les routes départementales (1). Celles qu'il serait désirable de pouvoir y ajouter pourraient être livrées à la circulation en quelques années, tandis qu'il se passera plus d'un demi-siècle avant que le réseau de chemins de fer, déjà tressé par l'imagination, se déploie sur toutes les parties du royaume. En s'attachant à en former les mailles, on n'en doit pas moins pourvoir à multiplier les routes ordinaires et à améliorer celles qui existent, ainsi que ce qu'il y a d'indispensable à conserver dans les 771,450 kilomètres de chemins vicinaux que comprennent les états dressés par l'administration. Ainsi tout concourt à justifier l'opinion que le personnel actuel du corps des Ingénieurs répond à peine aux besoins du service.

Il ne peut donc convenir d'ajouter à ses attributions une charge aussi lourde que serait celle qui résulterait des études, de la confection et de la surveillance des chemins de fer. Mais, tout en partageant la conviction que ce service extraordinaire exige l'institution d'un corps supplémentaire d'Ingénieurs, je regarde comme indispensable de le placer sous l'autorité du Directeur général des ponts et chaussées. Les plus graves inconvénients et d'inévitables conflits résulteraient d'une autre détermination.

Ainsi un appel serait à faire pour adjoindre aux Ingénieurs déjà employés par le Gouvernement, et qui rendent de si éminents services, les hommes que recommandent des travaux remarquables exécutés pour compte de l'industrie privée, et les jeunes gens pleins de talent, de zèle et d'ardeur, sortant des écoles spéciales fondées à l'instar de celle qui a fourni, depuis quarante ans, aux services militaires et civils, des sujets du plus rare mérite.

Lorsqu'il s'agit d'atteindre un but aussi utile, peut-il être à craindre que les Chambres ne s'empressent pas d'y concourir, en accordant les fonds nécessaires pour subvenir au supplément de dépenses qui seraient mises à la charge de l'Administration des ponts et chaussées?

Il appartient à M. le Ministre des Travaux publics de provoquer, sur les propositions de

M. le Directeur général des ponts et chaussées, l'Ordonnance royale qui instituerait le nouveau service que je suppose assisté d'un Conseil supérieur auquel seraient déférées les questions administratives et les questions d'art.

A ce Conseil appartiendrait l'examen des demandes de concession et des réclamations des concessionnaires. Rien de ce qui concernerait les tarifs, les cahiers des charges, la direction des travaux, la surveillance des routes livrées à la circulation, le matériel du service, etc., ne serait réglé avant qu'on eût pris son avis. Ce serait encore, après l'avoir entendu, que le Ministère présenterait aux Chambres l'état des chemins qu'il jugerait utile de réserver. Il aurait donc à examiner les études des Ingénieurs, les devis préparatoires, et généralement tout ce qui tendrait à régulariser les dispositions réglementaires et l'exécution, soit que le Gouvernement se décidât à faire suivre celle-ci, dans toutes ses phases et ses détails, par ses préposés choisissant, conduisant et soldant les ouvriers..., soit qu'il préférât passer des marchés avec des entrepreneurs, mode de transaction préférable à des adjudications publiques. Ces adjudications confient, le plus souvent, à des ignorants, aventureux parce qu'ils n'ont rien à risquer ni à perdre, des opérations dont il leur est impossible de se tirer avec honneur. C'est donc, en définitive, l'État qui souffre de leurs fautes et qui est entraîné, pour les réparer, dans un surcroît de dépenses inattendues, loin d'obtenir les économies que l'ouverture des enchères semblait devoir lui assurer.

En insistant, comme je l'ai fait, sur la convenance de laisser au Gouvernement la faculté de réserver la confection et la libre disposition des chemins de fer, lorsqu'il le déclarerait opportun, je n'ai pas prétendu que les travaux qu'ils nécessiteront ne devront jamais être confiés à l'industrie privée; je suis même disposé à penser qu'il y aurait souvent de l'avantage à les lui abandonner, à forfait, par transaction réglée sur l'avis du Conseil dont j'ai parlé (2). Dans cette hypothèse, le Gouvernement s'engagerait à solder les dépenses conformément à leur fixation, soit par annuités, soit dans un délai prévu, et à servir, jusqu'au remboursement, des intérêts proportionnels à ceux qui sont attachés aux placements effectués en rentes sur l'État. Cette sorte d'emprunt, qui ajouterait, pour les participants, la certitude d'un revenu déterminé aux attraits de la spéculation, permettrait au Gouvernement de donner plus d'extension à ses entreprises.

On pourrait même alors, jusqu'à l'entier achèvement des travaux dans la direction suivie, abandonner, aux soumissionnaires qui le désireraient, le service provisoire des sections dont ils auraient accepté la confection. Lorsqu'une longue ligne serait livrée en totalité à la circulation, des contrats nouveaux se passeraient, soit avec les mêmes entrepreneurs, soit avec d'autres Compagnies, afin de régler, de la manière la plus profitable, l'emploi du matériel destiné à établir un service non interrompu. L'expérience, acquise par les résultats de celui qui prendrait fin, fournirait le moyen de poser les bases des tarifs définitifs et d'en régler la classification selon le degré d'importance à attacher au transport des marchandises, car leur taxation au poids serait abusive.

Pourquoi, en effet, se refuserait-on à autoriser les fermiers à percevoir, sur les objets de luxe, des prix en rapport avec ceux qui sont exigés pour les envois effectués par les diligences? Et quel mal y aurait-il à faire payer la fantaisie d'employer, sans nécessité, les voies les plus rapides pour leur expédition?

Quant aux voyageurs, ce qu'ils déboursent, lorsqu'ils font usage des grandes messageries ou des *malles-postes*, devrait, pour les longs trajets, servir, à une légère différence près, de règle à la fixation du prix de leurs places. L'avantage, pour eux, se trouverait attaché à une prodigieuse économie de temps et à la suppression presque totale des frais accessoires. En adoptant de telles dispositions, l'abaissement des tarifs, pour le transport des blés, des farines et des charbons, lorsqu'il ne pourrait pas s'effectuer par la voie préférable de la navigation, et la faveur dont jouiraient quelques marchandises expédiées en transit, seraient balancés par la surtaxe imposée à quelques parties du chargement.

Il y aurait, en même temps, utilité à favoriser particulièrement l'expédition des productions du Midi; car on encouragerait ainsi les propriétaires des jardins, situés comme ceux d'Hyères et de nos colonies de l'Algérie, à donner de l'extension à la culture des légumes et des fruits dont les départements du Nord sont privés pendant les mois d'hiver. Ces propriétaires acquerraient ainsi, sans crainte de rivalité, le privilége lucratif d'approvisionner, en toute saison, de primeurs recherchées, les marchés de la Capitale et des villes traversées pour l'atteindre.

En parlant, plusieurs fois, du transport des marchandises, j'ai évité de m'expliquer sur l'importance que ce transport était susceptible d'acquérir dans les directions les plus favorisées, et sur le profit à en espérer. J'avouerai qu'à

cet égard je reste dans une incertitude d'autant plus grande, nonobstant les calculs auxquels M. l'ingénieur Arnollet s'est livré, qu'il
n'est pas possible d'apprécier la proportion d'accroissement de dépenses de matériel et d'entretien qui résultera d'une circulation active
de matières très-lourdes. Les réparations fréquentes, devenues nécessaires pour l'entretien
des chemins de Saint-Étienne et d'Andrezieux,
ne sont pas une preuve sans réplique de cet
accroissement de frais, puisqu'on est fondé à
attribuer la plupart des réparations à la mauvaise
construction primitive de ces chemins. On doit
donc attendre ce qui arrivera sur ceux qu'on a
établis, postérieurement, avec plus de solidité,
et sur lesquels le service s'exécutera par l'emploi
de chariots à voie plus large, roulant sur des
rails de plus forte dimension et plus solidement
posés sur leurs coussinets.

Quelques précautions que l'on prenne, au
reste, il se manifestera, inévitablement pendant plusieurs années, des dépressions sensibles
sur les parties de chemin formées par d'épais
remblais. Les routes rapprochées le plus possible de l'horizontalité, qui se construisent avec
le plus d'économie, sont aussi celles qui demandent le moins de réparations dispendieuses.
Malheureusement, nous avons à notre charge

un obstacle, probablement invincible, dans notre sol si fréquemment tourmenté.

Le service spécial, dont je me hasarde à provoquer l'établissement, contribuerait à éclairer ces différents points et à vaincre les difficultés qui s'y rattachent, par le soin que ceux à qui il serait confié prendraient de s'entourer d'informations exactes et d'enregistrer soigneusement les faits qui viendraient à leur connaissance. C'est ainsi qu'on parviendrait *à dégager* peu à peu *l'inconnu* et à calculer, avec plus de précision, les dépenses dans lesquelles on s'engage, lorsqu'on entreprend un chemin de fer.

M. le Directeur général des ponts et chaussées disait, à la Chambre des députés, en 1836, qu'il y avait, relativement à ces chemins, comme en ce qui concerne les canaux et les grandes routes, *à examiner la question économique avant la question d'art*. J'ai cherché à envisager, sous toutes ses faces et avec la plus grande impartialité, la question primordiale, la seule que mes investigations et mes études me permettaient d'aborder. Puissé-je, dans les considérations auxquelles je me suis livré et dont je vais maintenant rassembler les principaux éléments, avoir réussi à dissiper des préventions ou des illusions qui ont également contribué à retarder une solution conforme aux véritables intérêts du pays! intérêts en ce moment bien gravement compromis par le renouvellement, qui trompe mon espoir, des débats affligeants auxquels j'ai fait allusion à la fin du premier chapitre de cet écrit (pag. 13).

NOTES DU CHAPITRE V.

(1) *Page* 100.

« J'ai indiqué la longueur des lacunes des routes royales et départementales, afin de faire connaître quelle était, à à cet égard, *l'état réel* des grandes communications en 1836. Je pourrais citer des routes entreprises depuis plus de cinquante ans, et qui, étant à peine terminées, sont restées sans utilité pour les Départements qu'elles traversent. C'est donc, en partie, par l'étendue des lacunes que les situations agricoles et industrielles respectives se manifestent. Ainsi, par exemple, il n'y avait plus, dans la deuxième région (nord), que 127 kilomètres de routes royales en lacunes, sur les 5,675 kilomètres qui la sillonnent, tandis que la cinquième région, comprenant les départements du Centre, presque en tout temps négligés, comptait encore, nonobstant les travaux heureusement entrepris depuis quelques années, 612 kilomètres de lacunes sur un développement de 3,839 kilomètres... D'un côté, à peine un quarante-quatrième ; de l'autre, plus du sixième de la longueur totale des routes royales traversant ces régions. »

Sur l'ensemble des Départements, environ un neuvième de ces routes et le quart des routes départementales sont à livrer à la circulation. La dépense de leur achèvement et de leur réparation s'élèvera, d'après le calcul de l'Administration des ponts et chaussées, pour les routes royales votées avant 1836, à 135 millions, pour les routes départementales à 130 millions, y compris, pour ces derniers, les additions faites en 1836, additions qui ne figurent pas dans l'état que j'ai dressé.

Les Chambres législatives et les Conseils généraux de Département ne peuvent mettre trop de zèle et d'empressement à pourvoir à ces dépenses, car ce n'est qu'après l'achèvement des grandes communications qu'on pourra s'occuper, avec activité et fruit, de la réparation non moins indispensable des chemins vicinaux, à l'égard desquels je vais signaler une disparité bien grande.

La neuvième région (sud-est) comprend 39,378 kilomètres de chemins vicinaux ; la sixième (est), 51,172 ; la première (nord-ouest) et la troisième (nord-est), 68,000. Ces mêmes chemins embrassent 131,957 kilomètres dans la deuxième région (nord), 114,000 dans la quatrième (ouest), et 106,000 dans la cinquième (centre).

Il y a des Départements qui contiennent 32,000 kilomètres (les Deux-Sèvres), 28,900 (la Seine-Inférieure), 23,000 (l'Eure); d'autres où leur étendue *déclarée* ne dépasse pas 2,000 kilomètres (Bouches-du-Rhône), 2,188 (Haut-Rhin), 2,477 (Dordogne), 2670 (Ain), etc.

Sans doute, le recensement n'aura pas été exécuté

partout d'une manière uniforme. On aura compris, dans quelques localités, les chemins ouverts par les propriétaires pour leur usage personnel. L'intérêt même des Départements exige qu'il soit apporté une grande réforme dans la fixation des chemins publics, et que l'on ne répare et ne conserve à l'entretien que ceux qui établissent des communications nécessaires de village à village, en les classant d'après leur développement et leur degré d'utilité, et en rendant à la culture ceux qui seront jugés superflus. Cette révision attentive est indispensable ; car, si tous les chemins vicinaux dont il a été fait compte étaient conservés, en calculant seulement la dépense moyenne de mise en état de bonne viabilité, pour les chemins de toute classe, à 6,000 francs par lieue (elle est évaluée à 12,000 francs pour chacune des 8,199 lieues que les Conseils généraux ont classées dans leur session de 1837), les Départements devraient, même à ce prix réduit de moitié, employer plus d'un milliard 200 millions à la réparation des 192,000 lieues de chemins compris dans les tableaux de la statistique générale. La deuxième région aurait, à elle seule, à dépenser, 195 millions, le département des Deux-Sèvres 48 millions, etc., etc.

Il n'est pas moins nécessaire de prendre des dispositions pour assurer le règlement et la bonne direction des travaux. Le zèle n'a, sans doute, pas manqué aux Inspecteurs voyers ; mais beaucoup d'entre eux ont été mis à l'œuvre sans avoir aucune des connaissances requises pour bien remplir leur mission. On a dépensé, par cette raison, des sommes considérables en pure perte. Des conditions rigoureuses d'admission devraient être imposées à ceux qui se proposeraient de devenir Agents voyers. En étendant ainsi la carrière des Ingénieurs civils, on exciterait un grand nombre des jeunes gens à suivre les cours qui les mettraient en état de subir les examens exigés.

(Extrait de mes recherches inédites sur le produit des récoltes, etc.)

(2) *Page* 103.

Depuis que ce chapitre est écrit, une Ordonnance Royale a pourvu aux affaires courantes relatives aux chemins de fer, par l'établissement d'un Conseil spécial chargé de leur examen, et de reporter ensuite au Conseil général des ponts et chaussées celles de ces affaires qui méritent de lui être déférées. Voilà assurément une amélioration; mais cette disposition nouvelle me paraît insuffisante. Je persiste à croire qu'il résulterait un grand bien d'une addition faite au corps actuel des Ingénieurs, dans le but de mieux organiser le service spécial des chemins de fer, sans porter atteinte à la surveillance des routes ordinaires et des canaux. Rien n'empêcherait, d'ailleurs, de conserver au Conseil général des ponts et chaussées le pouvoir supérieur qui lui est attribué par la nouvelle Ordonnance.

RÉSUMÉ.

L'exécution des nouvelles voies de transport rapide, qui ont reçu, des tringles du métal sur lequel les roues des chariots s'engrènent et roulent, le nom de CHEMINS DE FER , oblige, lorsqu'il devient nécessaire de déplacer fréquemment le sol, à des frais tellement considérables, qu'en écoutant les seuls conseils de la prudence, nous aurions dû ne nous y livrer qu'avec une grande circonspection. Mais forcés, sous peine de nous exposer à déchoir, de suivre l'exemple des peuples qui nous entourent, nous ne devons plus envisager que les immenses services que rendra, plus tard , à l'industrie et au commerce le progrés de cette belle innovation destinée à devenir une des plus heureuses applications de la puissance motrice de la vapeur, ou de tel autre agent moins dispendieux, et encore introuvé, qui pourra prendre sa place.

Nous ferons donc, tout à la fois, acte de dévouement, de prévoyance et de générosité, en nous occupant, avec zèle, de l'organisation d'un service qui ne profitera complétement qu'à une génération nouvelle.

Par toutes ces considérations, les soins les plus scrupuleux doivent être apportés dans le choix des mesures à prendre pour marcher avec utilité et économie vers le but à atteindre.

Le Gouvernement avait cru s'y diriger en proposant de mettre l'exécution des grandes lignes au compte de l'État, et en se chargeant de régler les travaux. La Chambre élective a préféré un autre système. Des actes de condescendance à ses désirs ont conduit à concéder, sans plus de retard, à des Compagnies, deux chemins d'une haute importance, ceux de Paris au Havre et de Paris à Orléans (1).

Comme il était facile de le prévoir, l'agiotage est venu jeter, incontinent, de l'incertitude sur le succès de ces deux vastes opérations. Les actions créées pour faire face aux dépenses, après s'être vendues pendant quelques instants à prime, sont promptement descendues au-dessous du pair. Les deux entreprises se trouvent ainsi contariées dès leur naissance, et avant même qu'on ait eu le temps de mettre efficacement la main à l'œuvre. Le mal, fort heureusement superficiel, peut encore se réparer, car les hommes recommandables à qui les concessions ont été accordées tiendront, sans aucun doute, à honneur de ne rien négliger pour guérir des blessures plus étendues que profondes.

Mais ces blessures doivent servir de leçon et exciter à rechercher par quel ensemble de dispositions on parviendra, enfin, à régulariser le choix, le tracé et l'exécution des lignes qui, se croisant un jour, ajouteront un nouveau réseau à celui que forment les routes royales, départementales et vicinales, dont nous sommes déjà pourvus.

Il semble, par conséquent, que la première chose dont il convient de s'occuper est d'établir une bonne classification légale des chemins de fer. Avec son secours, il deviendra beaucoup plus aisé de régulariser la répartition à faire entre le Gouvernement exécutant pour le compte de l'Éat, et les Compagnies aux quelles des concessions seront accordées pour un temps limité.

La classification pourrait être établie ainsi :

On considérerait comme chemins de fer de 1re classe ceux qui seraient dirigés d'une frontière vers une autre, ou de la Capitale à une frontière;

Comme de 2e classe ceux qui, sans se raccorder avec les premiers, traverseraient plusieurs Départements, et ceux qui seraient déclarés *stratégiques*;

De 3e classe ceux qui viendraient se rattacher aux précédents, et dont le service serait continué par eux ;

Enfin une 4e division se formerait des embranchements secondaires et tertiaires également consacrés au service public, en plaçant hors ligne, et dans une catégorie exceptionnelle, les chemins qui seraient destinés à un usage privé.

L'intervention du Gouvernement se réglerait conformément à cette classification générale.

Il serait autorisé, de droit, à proposer de réserver, pour être exécutés au compte de l'État, les chemins de 1re et de 2e classe, toutes les fois qu'il le jugerait convenable, et à concéder à des Compagnies ceux qu'il croirait pouvoir se dispenser de mettre à la charge du Trésor.

Les 3e et 4e classes seraient abandonnées à l'industrie privée, à moins qu'un intérêt extraordinaire ne décidât le Gouvernement à entreprendre quelques embranchements dont les Compagnies refuseraient de se charger.

Ces dispositions acquerraient un nouveau degré d'utilité en faisant suivre la loi par une ordonnance royale, ayant pour objet de préciser les conditions générales auxquelles seraient assujettis ceux qui obtiendraient des concessions.

La classification des Compagnies s'établirait naturellement en concordance avec celle des chemins.

Comme ceux des deux premières divisions, et surtout de la première, exigeraient des travaux considérables et un grand ensemble de moyens d'exécution, il deviendrait, le plus souvent, nécessaire d'en abandonner la direction aux capitalistes habitués à manier les grandes affaires, et dont le nom est devenu une autorité.

Les concessionnaires devraient, pour ces deux classes, se résigner à coordonner le tracé et les travaux d'art avec ceux des chemins réservés par le Gouvernement qui, de son côté, jugera, sans doute, convenable d'éviter de les astreindre à se charger d'embranchements qu'ils ne seraient pas disposés à accepter de plein gré.

Il y aurait moins à exiger des entrepreneurs de travaux de 3ᵉ classe, mais moins surtout pour les simples embranchements secondaires et tertiaires. On autoriserait alors des courbes plus fréquentes, plus sensibles, des pentes plus fortes, des voies moins larges, des rails et des coussinets plus légers, etc., etc.

Après avoir présenté ce rapide aperçu des dispositions générales à adopter, il devient indispensable de se reporter à la situation du Gouvernement vis-à-vis des Compagnies déjà formées, et de rechercher les moyens de les réhabiliter dans l'opinion, en leur accordant, sans lésion de l'intérêt public, protection et appui.

Des considérations politiques et commerciales, dominant toutes les autres dans la question des chemins de fer, telle qu'il me paraît convenable de la poser en ce qui concerne la France, je suis porté à comprendre, de préférence, dans les réserves absolues du Gouvernement, les grandes communications dont il reconnaitra l'exécution promptement nécessaire *dans la direction d'une ligne qui serait tirée de Lille ou de Valenciennes à Paris, et de Paris à Lyon et Marseille.* Cette ligne bifurquerait de manière à atteindre également Strasbourg.

Nos intérêts à la droite, et par conséquent vers l'Ouest, sont, sous le rapport relatif de nos relations extérieures, d'un ordre secondaire. C'est donc vers la droite qu'on peut laisser, en ce moment, libre carrière à l'industrie privée.

Celle-ci a besoin d'encouragements, même de secours; mais ceux qui se rendent ses organes demandent plus qu'il n'y a lieu de lui accorder, lorsqu'ils réclament, au nom et en faveur de toutes les associations privées, concessionnaires de travaux matériels, *la garantie d'un minimum d'intérêt.* Ils font ainsi la règle de ce qui devrait être l'exception.

Un tel expédient est admissible lorsque le Gouvernement poovoque et trace des travaux dont le produit est incertain, et dont il demande cependant à des entrepreneurs d'accepter la tâche.

Il y a lieu de le rejeter quand des capitalistes se sont emparés de l'initiative des propositions, et se sont chargés bénévolement, sans hésitation, d'une entreprise, *laissant au Gouvernement les travaux qu'ils dédaignent, parce qu'ils ne leur paraissent pas offrir des chances suffisantes de produit.*

Il pourra, quelquefois, devenir utile d'accorder, selon les circonstances, la garantie d'un minimum d'intérêt ou une coopération quelconque, même des subventions ou des prêts, à des associations placées (sans avoir mérité de reproches et par des causes imprévues) dans de difficiles situations, à celles, surtout, qui se composeront d'actionnaires ayant un intérêt direct aux opérations auxquelles ils auront pris part.

Mais, dans tous les cas, le Gouvernement doit rester libre de son choix et le régler sur l'utilité publique. Toute obligation d'une application générale et contractée à l'avance, comme toute concession rétrograde, seraient des précédents dangereux.

Ce qui déconsidère et ruine la plupart des compagnies, c'est l'agiotage : toutes les mesures qui tendront à le réprimer leur deviendront donc salutaires.

Au nombre de ces mesures, je mets au premier rang la décision d'après laquelle on n'accorderait, à l'avenir, de grandes concessions pour l'exploitation de travaux matériels, et spécialement pour l'entreprise des chemins de fer, que sous la condition expresse de diviser les travaux, ainsi que l'appel du capital, proportionnellement à ce qui pourrait se terminer

des uns, et s'employer de l'autre en une année
ou deux au plus. Les concessionnaires obtiendraient, en même temps, l'autorisation de poursuivre leur tâche jusqu'à son dernier terme, à
moins de désistement formel de leur part, déclaré dans un délai déterminé. Ce délai expiré
sans reprise des travaux, le privilége serait annulé pour toute la partie du chemin non exécutée.

Des conditions de cette nature contribueraient
à bien marquer la différence qui sépare les associations industrielles des Compagnies puré-
ment financières, sur l'organisation desquelles
les premières se sont trop souvent modelées.

Je n'admets pas comme fondée la demande
d'entourer les expropriations de moins de formalités et d'abaisser le chiffre qui règle l'estimation des terrains traversés par les chemins
de fer. Les précautions et les garanties fixées
sont de toute équité, et il y a, tout au plus,
lieu de modifier la loi, mais il serait à propos,
pour réparer des erreurs involontaires, de regarder les tarifs déjà établis comme provisoires,
d'accéder à leur révision et de revoir aussi le
cahier des charges imposées à chaque entreprise.

L'exécution de ces dispositions tutélaires serait facilitée et régularisée, de la manière la plus
convenable, si les Chambres accordaient les fonds

nécessaires pour, en accroissant le nombre des Ingénieurs des ponts et chaussées, permettre d'organiser un service spécial appliqué à la direction et à la surveillance de tout ce qui serait relatif aux chemins de fer.

L'institution de ce corps supplémentaire d'Ingénieurs placé également dans les attributions du Directeur général des ponts et chaussées, et assisté d'un Conseil chargé du double examen des questions d'art et des questions administratives est, à mon avis, devenue indispensable, et aussi désirable pour le Gouvernement que pour les Compagnies concessionnaires.

NOTE DU RÉSUMÉ.

----

(1) *Page* 114.

Je crois devoir rappeler ici ce qui a été dit, relativement aux chemins de fer, par M. le comte Molé, Président du Conseil, le dernier jour de la discussion de l'Adresse en réponse au Discours d'ouverture de la cession des Chambres.

« Sur la question des chemins de fer, nous avons eu
» la conduite la plus éminemment parlementaire. Nous
» voulions ou l'exécution par le Gouvernement, ou l'exé-

» cution simultanée par le Gouvernement et par les Com-
» pagnies; nous voulions qu'on fît, en même temps, l'essai
» des deux systèmes; mais nous voulions surtout que le
» Pays fût doté de ces grandes voies de communication.
» Nous avons voulu doter le Pays de chemins de fer, et
» nous avons encore rencontré devant nous une coa-
» lition qui a combattu tous nos projets. »

L'admiration est due à l'homme d'État dont je viens
de citer les paroles, pour la courageuse et noble résis-
tance, la force constante de raison, le talent solide et vrai,
autant qu'utile, apportés par lui dans de fâcheux débats
enfin terminés, et auxquels ont pris part d'habiles ora-
teurs rangés, pour la première fois, sous la même ban-
nière, mais n'attendant, pour se séparer, qu'un changement
de Cabinet. Puisse une majorité moins faible et moins
vacillante se grouper autour de celui dont la formation
se prépare, fortifier son pouvoir, et assurer enfin cette
fixité de direction gouvernementale, objet de mes vœux,
de laquelle dépend l'affermissement de la prospérité publique!

TABLE DES CHAPITRES.

ERRATA.

Page 42 , ligne 3, *pour exécuter*, lisez : pour FAIRE exécuter.

Page 44, avant-dernier alinéa , et *qui ne s'étend pas* , lisez : et CE qui ne s'étend pas .

Page 55 , ligne 15, *immédiatement* , lisez : MÉDIATEMENT.

www.ingramcontent.com/pod-product-compliance
Lightning Source LLC
LaVergne TN
LVHW021834170726
843503LV00003B/934